中國飲食文化史 京津地區卷 · 上冊

The History of Chinese Dietetic Culture

Volume of Beijing-Tianjin region

感謝

北京稻香村食品有限責任公司對本書出版的支持
中國農業科學院農業信息研究所對本書出版的支持
浙江工商大學暨旅遊學院對本書出版的支持
黑龍江大學歷史文化旅遊學院對本書出版的支持

The History of Chinese Dietetic Culture

飲其流者
懷其源

2. 新石器時代晚期紅陶深腹雙
耳罐，北京昌平雪山遺址出
土（趙荭蘺攝影）

1. 新石器時代中期的石磨盤和磨棒，北京平谷上宅遺
址出土（趙荭蘺攝影）※

3. 東周時期的朱繪陶鼎
（趙荭蘺攝影）

4. 清乾隆畫琺瑯開光提梁壺

5. 清銅鍍金松棚果罩

6. 北京故宮太和殿
（肖正剛提供）

※　編者註：書中圖片來源除有標註者外，其餘均由作者提供。對於作者從網站或其他出版物等途徑獲得的圖
　　片也做了標註。

1. 1880年前後的老北京
商業區之店鋪（肖正
剛提供）

2. 北京小吃：焦圈與豆汁、燒餅、
豆腐腦、爆肚（馬靜攝影）

3. 中華著名老字號──北京「全聚德」
烤鴨店（肖正剛提供）

1. 戰國時期的紅陶甕，天津靜海出土（天津博物館提供）

2. 商代晚期的天字銅簋，天津張家園遺址出土(天津博物館提供)

3. 天津「起士林」舊址（天津檔案館提供）

4. 天津舊時街頭食攤（天津博物館提供）

5. 天津天后宮

1. 天津法租界的白河碼頭（天津博物館提供）　　2. 天津物華樓旁的南貨食店（天津博物館提供）

3. 天津「狗不理」包子總店　　　　4. 天津「耳朵眼」炸糕

5. 天津「桂發祥」
　麻花彩塑

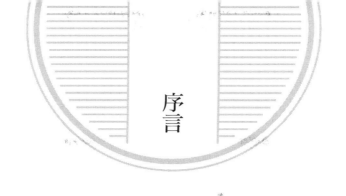

序言

鴻篇巨製　繼往開來
——《中國飲食文化史》（十卷本）序

　　中國飲食文化是中國傳統文化的重要組成部分，其內涵博大精深、歷史源遠流長，是中華民族燦爛文明史的生動寫照。她以獨特的生命力佑護著華夏民族的繁衍生息，並以強大的輻射力影響著周邊國家乃至世界的飲食風尚，享有極高的世界聲響。

　　中國飲食文化是一種廣視野、深層次、多角度、高品位的地域文化，她以農耕文化為基礎，輔之以漁獵及畜牧文化，傳承了中國五千年的飲食文明，為中華民族鑄就了一部輝煌的文化史。

　　但長期以來，中國飲食文化的研究相對滯後，在國際的學術研究領域沒有占領制高點。一是研究隊伍不夠強大，二是學術成果不夠豐碩，尤其缺少全面而系統的大型原創專著，實乃學界的一大憾事。正是在這樣困頓的情勢下，國內學者勵精圖治、奮起直追，發憤用自己的筆撰寫出一部中華民族的飲食文化史。中國輕工業出版社與撰寫本書的專家學者攜手二十餘載，潛心勞作，殫精竭慮，終至完成了這一套數百萬字的大型學術專著——《中國飲食文化史》（十卷本），是一件了不起的事情！

　　《中國飲食文化史》（十卷本）一書，時空跨度廣遠，全書自史前始，一直敘述至現當代，橫跨時空百萬年。全書著重敘述了原始農業和畜牧業出現至今的一萬年左右華夏民族飲食文化的演變，充分展示了中國飲食文化是地域文化這一理論學說。

　　該書將中國飲食文化劃分為黃河中游、黃河下游、長江中游、長江下游、東

1

南、西南、東北、西北、中北、京津等十個子文化區域進行相對獨立的研究。各區域單獨成卷，每卷各章節又按斷代劃分，分代敘述，形成了縱橫分明的脈絡。

全書內容廣泛，資料翔實。每個分卷涵蓋的主要內容包括：地緣、生態、物產、氣候、土地、水源；民族與人口；食政食法、食禮食俗、飲食結構及形成的原因；食物原料種類、分布、加工利用；烹飪技術、器具、文獻典籍、文化藝術等。可以說每一卷都是一部區域飲食文化通史，彰顯出中國飲食文化典型的區域特色。

中國飲食文化學是一門新興的綜合學科，它涉及歷史學、民族學、民俗學、人類學、文化學、烹飪學、考古學、文獻學、食品科技史、中國農業史、中國文化交流史、邊疆史地、地理經濟學、經濟與商業史等學科。多學科的綜合支撐及合理分布，使本書具有頗高的學術含量，也為學科理論建設提供了基礎藍本。

中國飲食文化的產生，源於中國厚重的農耕文化，兼及畜牧與漁獵文化。古語有云：「民以食為天，食以農為本」，清晰地說明了中華飲食文化與中華農耕文化之間不可分割的緊密聯繫，並由此生發出一系列的人文思想，這些人文思想一以貫之地體現在人們的社會活動中。包括：

「五穀為養，五菜為助，五畜為益，五果為充」的飲食結構。這種良好飲食結構的提出，是自兩千多年前的《黃帝內經》始，至今看來還是非常科學的。中國地域廣袤，食物原料多樣，江南地區的「飯稻羹魚」、草原民族的「食肉飲酪」，從而形成中華民族豐富、健康的飲食結構。

「醫食同源」的養生思想。中華民族自古以來並非代代豐衣足食，歷代不乏災荒饑饉，先民歷經了「神農嘗百草」以擴大食物來源的艱苦探索過程，千百年來總結出「醫食同源」的寶貴思想。在西方現代醫學進入中國大地之前的數千年，「醫食同源」的養生思想一直護佑著炎黃子孫的健康繁衍生息。

「天人合一」的生態觀。農耕文化以及漁獵、畜牧文化，都是人與自然間最和諧的文化，在廣袤大地上繁衍生息的中華民族，篤信人與自然是合為一體的，人類的所衣所食，皆來自於大自然的餽贈，因此先民世世代代敬畏自然，愛護生態，尊重生命，重天時，守農時，創造了農家獨有的二十四節氣及節令食俗，「循天道行人事」。這種寶貴的生態觀當引起當代人的反思。

「尚和」的人文情懷。農耕文明本質上是一種善的文明。主張和諧和睦、勤勞耕作、勤和為人，崇尚以和為貴、包容寬仁、質樸淳和的人際關係。中國飲食講

究的「五味調和」也正是這種「尚和」的人文情懷在烹飪技術層面的體現。縱觀中國飲食文化的社會功能，更是對「尚和」精神的極致表達。

「尊老」的人倫傳統。在傳統的農耕文明中，老人是農耕經驗的積累者，是向子孫後代傳承農耕技術與經驗的傳遞者，因此一直受到家庭和社會的尊重。中華民族尊老的傳統是農耕文化的結晶，也是農耕文化得以久遠傳承的社會行為保障。

《中國飲食文化史》（十卷本）的研究方法科學、縝密。作者以大歷史觀、大文化觀統領全局，較好地利用了歷史文獻資料、考古發掘研究成果、民俗民族資料，同時也有效地利用了人類學、文化學及模擬試驗等多種有效的研究方法與手段。對區域文明肇始、族群結構、民族遷徙、人口繁衍、資源開發、生態制約與變異、水源利用、生態保護、食物原料貯存與食品保鮮防腐等一系列相關問題都予以了充分表述，並提出一系列獨到的學術觀點。

如該書提出中國在漢代就已掌握了麵食的發酵技術，從而把這一科技界的定論向前推進了一千年（科技界傳統說法是在宋代）；又如，對黃河流域土地承載力遞減而導致社會政治文化中心逐流而下的分析；對草地民族因食料制約而頻頻南下的原因分析；對生態結構發生變化的深層原因討論；對《齊民要術》《農政全書》《飲膳正要》《天工開物》等經典文獻的識讀解析；以及對筷子的出現及歷史演變的論述等。該書還清晰而準確地敘述了既往研究者已經關注的許多方面的問題，比如農產品加工技術與食品形態問題、關於農作物及畜類的馴化與分布傳播等問題，這些一向是農業史、交流史等學科比較關注而又疑難點較多的領域，該書對此亦有相當的關注與精到的論述。體現出整個作者群體較強的科研能力及科研水平，從而鑄就了這部填補學術空白、出版空白的學術著作，可謂是近年來不可多得的精品力作。

本書是填補空白的原創之作，這也正是它的難度之所在。作者的寫作並無前人成熟的資料可資借鑑，可以想見，作者須進行大量的文獻爬梳整理、甄選淘漉，閱讀量浩繁，其寫作難度絕非一般。在拼湊摘抄、扒網拼盤已成為當今學界一大痼疾的今天，這部原創之作益發顯得可貴。

一套優秀書籍的出版，最少不了的是出版社編輯們默默無聞但又艱辛異常的付出。中國輕工業出版社以文化堅守的高度責任心，苦苦堅守了二十年，為出版這套不能靠市場獲得收益、然而又是填補空白的大型學術著作嘔心瀝血。進入編輯階段以後，編輯部嚴苛細緻，務求嚴謹，精心提煉學術觀點，一遍遍打磨稿

件。對稿件進行字斟句酌的精心加工，並啟動了高規格的審稿程序，如，他們聘請國內頂級的古籍專家對書中所有的古籍以善本為據進行了逐字逐句的核對，並延請史學專家、民族宗教專家、民俗專家等進行多輪審稿，全面把關，還對全書內容做了二十餘項的專項檢查，芟除掉書稿中的許多瑕疵。他們不因卷帙浩繁而存絲毫懈怠之念，日以繼夜，忘我躬耕，使得全書體現出了高質量、高水準的精品風範。在當前浮躁的社會風氣下，能堅守這種職業情操實屬不易！

本書還在高端學術著作科普化方面做出了有益的嘗試，如對書中的生僻字進行注音，對專有名詞進行注釋，對古籍文獻進行串講，對正文配發了許多圖片等。凡此種種，旨在使學術著作更具通俗性、趣味性和可讀性，使一些優秀的學術思想能以通俗化的形式得到展現，從而擴大閱讀的人群，傳播優秀文化，這種努力值得稱道。

這套學術專著是一部具有劃時代意義的鴻篇巨帙，它的出版，填補了中國飲食文化無大型史著的空白，開啟了中國飲食文化研究的新篇章，功在當代，惠及後人。它的出版，是中國學者做的一件與大國地位相稱的大事，是中國對世界文明的一種國際擔當，彰顯了中國文化的軟實力。它的出版，是中華民族五千年飲食文化與改革開放三十多年來最新科研成果的一次大梳理、大總結，是樹得起、站得住的歷史性文化工程，對傳播、振興民族文化，對中國飲食文化學者在國際學術領域重新建立領先地位，將起到重要的推動作用。

作為一名長期從事農業科技文化研究的工作者，對於這部大型學術專著的出版，我感到由衷的欣喜。願《中國飲食文化史》（十卷本）能夠繼往開來，為中國飲食文化的發揚光大，為中國飲食文化學這一學科的崛起做出重大貢獻。

盧良恕

二〇一三年七月

一部填補空白的大書
——《中國飲食文化史》（十卷本）序

　　中國輕工業出版社通過我在中國社會科學院歷史研究所的老同事，送來即將出版的《中國飲食文化史》（十卷本）樣稿，厚厚的一大疊。我仔細披閱之下，心中深深感到驚奇。因為在我的記憶範圍裡，已經有好多年沒有見過系統論述中國飲食文化的學術著作了，況且是由全國眾多專家學者合力完成的一部十卷本長達數百萬字的大書。

　　正如不久前上映的著名電視片《舌尖上的中國》所體現的，中國的飲食文化是悠久而輝煌的中國傳統文化的一個重要組成部分。中國的飲食文化非常發達，在世界上享有崇高的聲譽，然而，或許是受長時期流行的一些偏見的影響，學術界對飲食文化的研究卻十分稀少，值得提到的是國外出版的一些作品。記得二十世紀七〇年代末，我在美國哈佛大學見到張光直先生，他給了我一本剛出版的《中國文化中的食品》（英文），是他主編的美國學者寫的論文集。在日本，則有中山時子教授主編的《中國食文化事典》，其內的「文化篇」曾於一九九二年中譯出版，題目就叫《中國飲食文化》。至於國內學者的專著，我記得的只有上海人民出版社《中國文化史叢書》裡面有林乃燊教授的一本，題目也是《中國飲食文化》，也印行於一九九二年，其書可謂有篳路藍縷之功，只是比較簡略，許多問題未能展開。

　　由趙榮光教授主編、由中國輕工業出版社出版的這部十卷本《中國飲食文化史》規模宏大，內容充實，在許多方面都具有創新意義，從這一點來說，確實是前所未有的。講到這部巨著的特色，我個人意見是不是可以舉出下列幾點：

首先，當然是像書中所標舉的，是充分運用了區域研究的方法。我們中國從來是一個多民族、多地區的國家，五千年的文明歷史是各地區、各民族共同締造的。這種多元一體的文化觀，自「改革開放」以來，已經在歷史學、考古學等領域起了很大的促進作用。《中國飲食文化史》（十卷本）的編寫，貫徹「飲食文化是區域文化」的觀點，把全國劃分為十個文化區域，即黃河中游、黃河下游、長江中游、長江下游、東南、西南、東北、西北、中北和京津，各立一卷。每一卷都可視為區域性的通史，各卷間又互相配合關聯，形成立體結構，便於全面展示中國飲食文化的多彩面貌。

其次，是盡可能地發揮了多學科結合的優勢。中國飲食文化的研究，本來與歷史學、考古學及科技史、美術史、民族史、中外關係史等學科都有相當密切的聯繫。《中國飲食文化史》（十卷本）一書的編寫，努力吸取諸多有關學科的資料和成果，這就擴大了研究的視野，提高了工作的質量。例如在參考文物考古的新發現這一方面，書中就表現得比較突出。

第三，是將各歷史時期飲食文化的演變過程與當時社會總的發展聯繫起來去考察。大家知道，把研究對象放到整個歷史的大背景中去分析估量，本來是歷史研究的基本要求，對於飲食文化研究自然也不例外。

第四，也許是最值得注意的一點，就是這部書把飲食文化的探索提升到理論思想的高度。《中國飲食文化史》（十卷本）一開始就強調「全書貫穿一條鮮明的人文思想主線」，實際上至少包括了這樣一系列觀點，都是從遠古到現代飲食文化的發展趨向中歸結出來的：

一、五穀為主兼及其他的飲食結構；

二、「醫食同源」的保健養生思想；

三、尚「和」的人文觀念；

四、「天人合一」的生態觀；

五、「尊老」的傳統。

這樣，這部《中國飲食文化史》（十卷本）便不同於技術層面的「中國飲食史」，而是富於思想內涵的「中國飲食文化史」了。

據了解，這部《中國飲食文化史》（十卷本）的出版，經歷了不少坎坷曲折，前後過程竟長達二十餘年。其間做了多次反覆的修改。為了保證質量，中國輕工業出版社邀請過不少領域的專家閱看審查。現在這部大書即將印行，相信會得到

有關學術界和社會讀者的好評。我對所有參加此書工作的各位專家學者以及中國輕工業出版社同仁能夠如此鍥而不捨深表敬意，希望在飲食文化研究方面能再取得更新更大的成績。

李學勤

二〇一三年九月
於北京清華大學寓所

前言

「飲食文化圈」理論認知中華飲食史的嘗試
——中國飲食文化區域性特徵

　　很長時間以來，本人一直希望海內同道聯袂在食學文獻梳理和「飲食文化區域史」「飲食文化專題史」兩大專項選題研究方面的協作，冀其為原始農業、畜牧業以來的中華民族食生產、食生活的文明做一初步的瞰窺勾測，從而為更理性、更深化的研究，為中華食學的堅實確立準備必要的基礎。為此，本人做了一系列先期努力。一九九一年北京召開了「首屆中國飲食文化國際學術研討會」，自此，也開始了迄今為止歷時二十年之久的該套叢書出版的艱苦歷程。其間，本人備嘗了時下中國學術堅持的艱難與苦澀，所幸的是，《中國飲食文化史》（十卷本）終於要出版了，作為主編此時真是悲喜莫名。

　　將人類的食生產、食生活活動置於特定的自然生態與歷史文化系統中審視認知並予以概括表述，是三十多年前本人投諸飲食史、飲食文化領域研習思考伊始所依循的基本方法。這讓我逐漸明確了「飲食文化圈」的理論思維。中國學人對民眾食事文化的關注淵源可謂久遠。在漫長的民族飲食生活史上，這種關注長期依附於本草學、農學而存在，因而形成了中華飲食文化的傳統特色與歷史特徵。初刊於一七九二年的《隨園食單》可以視為這種依附傳統文化轉折的歷史性標誌。著者中國古代食聖袁枚「平生品味似評詩」，潛心戮力半世紀，以開創、標立食學深自期許，然限於歷史時代侷限，終未遂其所願——抱定「皓首窮經」「經國濟世」之理念建立食學，使其成為傳統士子麇集的學林。

　　食學是研究不同時期、各種文化背景下的人群食事事象、行為、性質及其規律的一門綜合性學問。中國大陸食學研究熱潮的興起，文化運氣系接海外學界之

後，二十世紀中葉以來，日、韓、美、歐以及港、臺地區學者批量成果的發表，蔚成了中華食文化研究熱之初潮。社會飲食文化的一個最易為人感知之處，就是都會餐飲業，而其衰旺與否的最終決定因素則是大眾的消費能力與方式。正是餐飲業的持續繁榮和大眾飲食生活水準的整體提高，給了中國大陸食學研究以不懈的助動力。在中國飲食文化熱持續至今的三十多年中，經歷了「熱學」「顯學」兩個階段，而今則處於「食學」漸趨成熟階段。以國人為主體的諸多富有創見性的文著累積，是其漸趨成熟的重要標誌。

人類文化是生態環境的產物，自然環境則是人類生存發展依憑的文化史劇的舞台。文化區域性是一個歷史範疇，一種文化傳統在一定地域內沉澱、累積和承續，便會出現不同的發展形態和高低不同的發展水平，因地而宜，異地不同。飲食文化的存在與發展，主要取決於自然生態環境與文化生態環境兩大系統的因素。就物質層面說，如俗語所說：「一方水土養一方人」，其結果自然是「一方水土一方人」，飲食與飲食文化對自然因素的依賴是不言而喻的。早在距今一萬至六千年，中國便形成了以粟、菽、麥等「五穀」為主要食物原料的黃河流域飲食文化區、以稻為主要食物原料的長江流域飲食文化區、以肉酪為主要食物原料的中北草原地帶的畜牧與狩獵飲食文化區這不同風格的三大飲食文化區域類型。其後西元前二世紀，司馬遷曾按西漢帝國版圖內的物產與人民生活習性作了地域性的表述。山西、山東、江南（彭城以東，與越、楚兩部）、龍門碣石北、關中、巴蜀等地區因自然生態地理的差異而決定了時人公認的食生產、食生活、食文化的區位性差異，與史前形成的中國飲食文化的區位格局相較，已經有了很大的發展變化。而後再歷二十多個世紀至十九世紀末，在今天的中國版圖內，存在著東北、中北、京津、黃河下游、黃河中游、西北、長江下游、長江中游、西南、青藏高原、東南十一個結構性子屬飲食文化區。再以後至今的一個多世紀，儘管食文化基本區位格局依在，但區位飲食文化的諸多結構因素卻處於大變化之中，變化的速度、廣度和深度，都是既往歷史上不可同日而語的。生產力的結構性變化和空前發展；食生產工具與方式的進步；信息傳遞與交通的便利；經濟與商業的發展；人口大規模的持續性流動與城市化進程的快速發展；思想與觀念的更新進化等，這一切都大大超越了食文化物質交換補益的層面，而具有更深刻、更重大的意義。

各飲食文化區位文化形態的發生、發展都是一個動態的歷史過程，「不變中有

變、變中有不變」是飲食文化演變規律的基本特徵。而在封閉的自然經濟狀態下，「靠山吃山靠水吃水」的飲食文化存在方式，是明顯「滯進」和具有「惰性」的。所謂「滯進」和「惰性」是指：在決定傳統餐桌的一切要素幾乎都是在年復一年簡單重複的歷史情態下，飲食文化的演進速度是十分緩慢的，人們的食生活是因循保守的，「周而復始」一詞正是對這種形態的概括。人類的飲食生活對於生息地產原料並因之決定的加工、進食的地域環境有著很強的依賴性，我們稱之為「自然生態與文化生態環境約定性」。生態環境一般呈現為相當長歷史時間內的相對穩定性，食生產方式的改變，一般也要經過很長的歷史時間才能完成。而在「雞犬之聲相聞，民至老死不相往來」的相當封閉隔絕的中世紀，各封閉區域內的人們是高度安適於既有的一切的。一般來說，一個民族或某一聚合人群的飲食文化，都有著較為穩固的空間屬性或區位地域的植根性、依附性，因此各區位地域之間便存在著各自空間環境下和不同時間序列上的差異性與相對獨立性。而從飲食生活的動態與飲食文化流動的屬性觀察，則可以說世界上絕大多數民族（或聚合人群）的飲食文化都是處於內部或外部多元、多渠道、多層面的、持續不斷的傳播、滲透、吸收、整合、流變之中。中華民族共同體今天的飲食文化形態，就是這樣形成的。

隨著各民族人口不停地移動或遷徙，一些民族在生存空間上的交叉存在、相互影響（這種狀態和影響自古至今一般呈不斷加速的趨勢），飲食文化的一些早期民族特徵逐漸地表現為區位地域的共同特徵。迄今為止，由於自然生態和經濟地理等諸多因素的決定作用，中國人主副食主要原料的分布，基本上還是在漫長歷史過程中逐漸形成的基本格局。宋應星在談到中國歷史上的「北麥南稻」之說時還認為：「四海之內，燕、秦、晉、豫、齊、魯諸蒸民粒食，小麥居半，而黍、稷、稻、粱僅居半。西極川、雲，東至閩、浙、吳楚腹焉……種小麥者二十分而一……種餘麥者五十分而一，閭閻作苦以充朝膳，而貴介不與焉。」這至少反映了宋明時期麥屬作物分布的大勢。直到今天，東北、華北、西北地區仍是小麥的主要產區，青藏高原是大麥（青稞）及小麥的產區，黑麥、燕麥、蕎麥、蓧麥等雜麥也主要分布於這些地區。這些地區除麥屬作物之外，主食原料還有粟、秫、玉米、稷等「雜糧」。而長江流域及以南的平原、盆地和壩區廣大地區，則自古至今都是以稻作物為主，其山區則主要種植玉米、粟、蕎麥、紅薯、小麥、大麥、旱稻等。應當看到，糧食作物今天的品種分布狀態，本身就是不斷演變的歷史性結

果，而這種演變無論表現出怎樣的相對穩定性，它都不可能是最終格局，還將持續地演變下去。

歷史上各民族間飲食文化的交流，除了零星漸進、潛移默化的和平方式之外，在災變、動亂、戰爭等特殊情況下，出現短期內大批移民的方式也具有特別的意義。其間，由物種傳播而引起的食生產格局與食生活方式的改變，尤具重要意義。物種傳播有時並不依循近鄰滋蔓的一般原則，伴隨人們遠距離跋涉的活動，這種傳播往往以跨越地理間隔的童話般方式實現。原產美洲的許多物種集中在明代中葉聯袂登陸中國就是典型的例證。玉米、紅薯自明代中葉以後相繼引入中國，因其高產且對土壤適應性強，於是長江以南廣大山區，魯、晉、豫、陝等大片久耕密植的貧瘠之地便很快迭相效應，迅速推廣開來。山區的瘠地需要玉米、紅薯這樣的耐瘠抗旱作物，傳統農業的平原地區因其地力貧乏和人口稠密，更需要這種耐瘠抗旱而又高產的作物，這就是各民族民眾率相接受玉米、紅薯的根本原因。這一「根本原因」甚至一直深深影響到二十世紀八〇年代以前。中國大陸長期以來一直以提高糧食畝產、單產為壓倒一切的農業生產政策，南方水稻、北方玉米，幾乎成了各級政府限定的大田品種種植的基本模式。

嚴格說來，很少有哪些飲食文化區域是完全不受任何外來因素影響的純粹本土的單質文化。也就是說，每一個飲食文化區域都是或多或少、或顯或隱地包融有異質文化的歷史存在。中華民族飲食文化圈內部，自古以來都是域內各子屬文化區位之間互相通融補益的。而中華民族飲食文化圈的歷史和當今形態，也是不斷吸納外域飲食文化更新進步的結果。一九八二年筆者在新疆歷時半個多月的一次深度考察活動結束之後，曾有一首詩：「海內神廚濟如雲，東西甘脆皆與聞。野駝渾烹標青史，肥羊串炙喜今人。乳酒清冽爽筋骨，奶茶濃郁尤益神。朴勞納仁稱異饌，金特克缺愧寡聞。胡餅西肺欣再睹，葡萄密瓜連筵陳。四千文明源泉水，雲裡白毛無銷痕。晨鐘傳於二三聲，青眼另看大宛人。」詩中所敘的是維吾爾、哈薩克、柯爾克孜、烏孜別克、塔吉克、塔塔爾等少數民族的部分風味食品，反映了西北地區多民族的獨特飲食風情。中國有十個少數民族信仰伊斯蘭教，他們主要或部分居住在西北地區。因此，伊斯蘭食俗是西北地區最具代表性的飲食文化特徵。而西北地區，眾所周知，自漢代以來直至西元七世紀一直是佛教文化的世界。正是來自阿拉伯地區的影響，使佛教文化在這裡幾乎消失殆盡了。當然，西北地區還有漢、蒙古、錫伯、達斡爾、滿、俄羅斯等民族成分。西

北多民族共聚的事實，就是歷史文化大融匯的結果，這一點，同樣是西北地區飲食文化獨特性的又一鮮明之處。作為通往中亞的必由之路，舉世聞名的絲綢之路的幾條路線都經過這裡。東西交會，絲綢之路飲食文化是該地區的又一獨特之處。中華飲食文化通過絲綢之路吸納域外文化因素，確切的文字記載始自漢代。張騫（？-前114年）於漢武帝建元三年（西元前138年）、元狩四年（西元前119年）的兩次出使西域，使內地與今天的新疆及中亞的文化、經濟交流進入到了一個全新的歷史階段。葡萄、苜蓿、胡麻、胡瓜、蠶豆、核桃、石榴、胡蘿蔔、蔥、蒜等菜蔬瓜果隨之來到了中國，同時進入的還有植瓜、種樹、屠宰、截馬等技術。其後，西漢軍隊為能在西域伊吾長久駐紮，便將中原的挖井技術，尤其是河西走廊等地的坎兒井技術引進了西域，促進了灌溉農業的發展。

　　至少自有確切的文字記載以來，中華版圖內外的食事交流就一直沒有間斷過，並且呈與時俱進、逐漸頻繁深入的趨勢。漢代時就已經成為黃河流域中原地區的一些主食品種，例如餛飩、包子（籠上牢丸）、餃子（湯中牢丸）、麵條（湯餅）、饅首（有餡與無餡）、餅等，到了唐代時已經成了地無南北東西之分，民族成分無分的、隨處可見的、到處皆食的大眾食品了。今天，在中國大陸的任何一個中等以上的城市，幾乎都能見到以各地區風味或少數民族風情為特色的餐館。而隨著人們消費能力的提高和消費觀念的改變，到異地旅行，感受包括食物與飲食風情在內的異地文化已逐漸成了一種新潮，這正是各地域間食文化交流的新時代特徵。這其中，科技的力量和由科技決定的經濟力量，比單純的文化力量要大得多。事實上，科技往往是文化流變的支配因素。比如，以筷子為食具的箸文化，其起源已有不下六千年的歷史，漢以後逐漸成為漢民族食文化的主要標誌之一；明清時期已普及到絕大多數少數民族地區。而現代化的科技烹調手段則能以很快的速度為各族人民所接受。如電飯煲、微波爐、電烤箱、電冰箱、電熱炊具或氣體燃料新式炊具、排煙具等幾乎在一切可能的地方都能見到。真空包裝食品、方便食品等現代化食品、食料更是無所不至。

　　黑格爾說過一句至理名言：「方法是決定一切的」。筆者以為，飲食文化區位性認識的具體方法儘管可能很多，儘管研究方法會因人而異，但方法論的原則卻不能不有所規範和遵循。

　　首先，應當是歷史事實的真實再現，即通過文獻研究、田野與民俗考察、數學與統計學、模擬重複等方法，去盡可能摹繪出曾經存在過的飲食歷史文化構

件、結構、形態、運動。區位性研究，本身就是要在某一具體歷史空間的平臺上，重現其曾經存在過的構建，如同考古學在遺址上的工作一樣，它是具體的，有限定的。這就要求我們對於資料的篩選必須把握客觀、真實、典型的原則，絕不允許研究者的個人好惡影響原始資料的取捨剪裁，客觀、公正是絕對的原則。

其次，是把飲食文化區位中的具體文化事象視為該文化系統中的有機構成來認識，而不是將其孤立於整體系統之外釋讀。割裂、孤立、片面和絕對地認識某一歷史文化，只能遠離事物的本來面目，結論也是不足取的。文化承載者是有思想的、有感情的活生生的社會群體，我們能夠憑藉的任何飲食文化遺存，都曾經是生存著的社會群體的食生產、食生活活動事象的反映，因此要把資料置於相關的結構關係中去解讀，而非孤立地認斷。在歷史領域裡，有時相近甚至相同的文字符號，卻往往反映不同的文化意義，即不同時代、不同條件下的不同信息也可能由同一文字符號來表述；同樣的道理，表面不同的文字符號也可能反映同一或相近的文化內涵。也就是說，我們在使用不同歷史時期各類著述者留下來的文獻時，不能只簡單地停留在文字符號的表面，而應當準確透析識讀，既要儘可能地多參考前人和他人的研究成果，還要考慮到流傳文集記載的版本等因素。

再次，飲食文化的民族性問題。如果說飲食文化的區域性主要取決於區域的自然生態環境因素的話，那麼民族性則多是由文化生態環境因素決定的。而文化生態環境中的最主要因素，應當是生產力。一定的生產力水平與科技程度，是文化生態環境時代特徵中具有決定意義的因素。《詩經》時代黃河流域的漬菹，本來是出於保藏的目的，而後成為特別加工的風味食品。今日東北地區的酸菜、四川的泡菜，甚至朝鮮半島的柯伊姆奇（泡菜）應當都是其餘韻。今日西南許多少數民族的粑粑、餌塊以及東北朝鮮族的打糕等蒸舂的稻穀粉食，是古時杵臼搗制餈餌的流風。蒙古族等草原文化帶上的一些少數民族的手扒肉，無疑是草原放牧生產與生活條件下最簡捷便易的方法，而今竟成草原情調的民族獨特食品。同樣，西南、華中、東南地區許多少數民族習尚的熏臘食品、酸酵食品等，也主要是由於貯存、保藏的需要而形成的風味食品。這也與東北地區人們冬天用雪埋、冰覆，或潑水掛臘（在肉等食料外潑水結成一層冰衣保護）的道理一樣。以至北方冬天吃的凍豆腐，也竟成為一種風味獨特的食料。因為歷史上人們沒有更好的保藏食品的方法。因此可以說，飲食文化的民族性，既是地域自然生態環境因素決定的，也是文化生態因素決定的，因此也是一定生產力水平所決定的。

又次，端正研究心態，在當前中華飲食文化中具有特別重要的意義。冷靜公正、實事求是，是任何學科學術研究的絕對原則。學術與科學研究不同於男女談戀愛和市場交易，它否定研究者個人好惡的感情傾向和局部利益原則，要熱情更要冷靜和理智；反對偏私，堅持公正；「實事求是」是唯一可行的方法論原則。

多年前北京釣魚台國賓館的一次全國性飲食文化會議上，筆者曾強調食學研究應當基於「十三億人口，五千年文明」的「大眾餐桌」基本理念與原則。我們將《中國飲食文化史》（十卷本）的付梓理解為「飲食文化圈」理論的認知與嘗試，不是初步總結，也不是什麼了不起的成就。

儘管飲食文化研究的「圈論」早已經為海內外食學界熟知並逐漸認同，十年前《中國國家地理雜誌》以我提出的「舌尖上的秧歌」為封面標題出了「圈論」專號，次年CCTV-10頻道同樣以我建議的「味蕾的故鄉」為題拍攝了十集區域飲食文化節目，不久前一位歐洲的博士學位論文還在引用和研究。這一切也還都是嘗試。

《中國飲食文化史》（十卷本）工程迄今，出版過程歷經周折，與事同道幾易其人，作古者凡幾，思之唏噓。期間出於出版費用的考慮，作為主編決定撤下叢書核心卷的本人《中國飲食文化》一冊，儘管這是當時本人所在的杭州商學院與旅遊學院出資支持出版的前提。雖然，現在「杭州商學院」與「旅遊學院」這兩個名稱都已經不復存在了，但《中國飲食文化史》（十卷本）畢竟得以付梓。是為記。

趙榮光

夏曆癸巳年初春，西元二〇一三年三月
杭州西湖誠公齋書寓

目錄

Contents

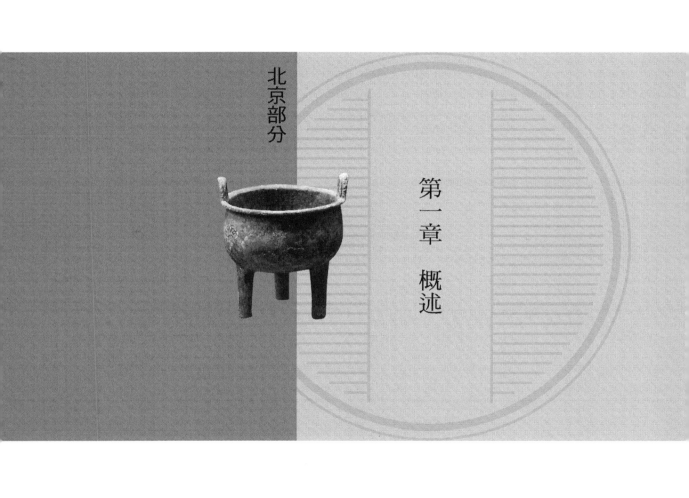

北京部分

第一章　概述

書寫《中國飲食文化史・京津地區卷》的北京部分有相當大的難度，主要是記載飲食文化的資料相對匱乏。北京地區飲食文化形成的初期狀況基本上沒有文字載述，只能通過地下考古成果略知大概。明中葉以前，北京飲食文化委實難窺其詳。這與北京地區在相當長的一段歷史時期遠離政治中心、地處邊境有關。也由於文人墨客不屑於在這方面多費筆墨。誠如清人博明《西齋偶得》所云：「由今溯古，惟飲食、音樂二者越數百年則全不可知。《周禮》《齊民要術》、唐人食譜，全不知何味，《東京夢華錄》所記汴城、杭城食料，大半不知其名。」※遼金時期，北京逐漸成為全國的政治中心。到了元代，開始出現了記錄北京地區飲食文化的專著，明清時漸多。如元代回族飲膳太醫忽思慧的《飲膳正要》寫於北京，記錄了元朝統治者的飲食，是一部珍貴的蒙元宮廷飲食譜。明代，太監劉若愚於崇禎十一年（西元1638年）時將宮廷見聞寫成一部《酌中志》，《酌中志》有一個章節叫《飲食好尚記略》，記載了明代宮廷一年四季12個月各節令的飲食和風俗活動。此外，沈榜的《宛署雜記》、孫國敉（mǐ）的《燕都遊覽志》、劉侗、於奕正、周損的《帝京景物略》等書中都有關於明代北京飲食的載錄。清代，潘榮陛的《帝京歲時紀勝》、富察敦崇的《燕京歲時記》、孫春澤的《春明夢餘錄》等著述中，也都記錄了一些當時京城飲食文化方面的內容。通過對這些歷史文獻和現代考古資料的整理分析，讓我們一窺燦爛的北京地區飲食文化的發展歷程。

北京地區的中心位於北緯39°56´、東經116°20´，它地處中國三大地理單元——東北大平原、華北大平原和蒙古高原的交接點上，「東西貢道，來萬國以朝宗」，成為溝通三大地理單元的中間站，也是幾千年來中原農耕文明與歐亞草原文明碰撞、融合的最前沿。「北京地區的地貌包括山區、丘陵、平原、臺地等多種類型。山區宜發展林業；平原宜發展農業；窪地可以發展水稻；高寒地區可以發展成熟期短的耐旱作物。這為北京地區農業發展的多樣性創造了條件。」2「北京飲食文化處於

※　編者註：為方便讀者閱讀，本書將連續占有三行及以上的引文改變了字體。對於在同一個自然段（或同一個內容小板塊）裡的引文，雖不足三行但斷續密集引用的也改變了字體。

2　於德源：《北京農業經濟史》，京華出版社，1998年，第3頁。

北方飲食文化圈內，具有北方飲食文化的一般特點，比如主食以麵食為主，米食為輔；副食中肉類所占比重較南方為重，尤以羊肉為主。」[1]這是為適應北方的自然環境而形成的獨特飲食結構。這一飲食結構奠定了北京飲食文化發展的基調和風格。

北京地區屬北溫帶大陸性季風氣候，一年四季分明，春秋季較短，夏冬季稍長；土地肥沃，物產豐富。優越的自然條件和地理環境為北京飲食文化的輝煌奠定了基礎。

一、北京地區簡史

考古發現，大約四五十萬年以前，在今北京房山區周口店龍骨山上就生活著遠古人類，我們稱之為「北京人」。之後又在周口店龍骨山北京猿人洞穴上方的山頂洞內發現了距今約1.8萬年的「山頂洞人」，他們的身體特徵與現代人已沒有明顯區別。大約又過了一萬年，隨著畜牧業和農業的興起，北京遠古居民告別了祖居的山間崖洞，遷徙到平原上生活，出現了原始農業部落。此後又過了幾千年，北京人終於從原始狀態跨進了文明時代的門檻。

北京的建城歷史，據史學界比較一致的意見是從周武王克商，分封燕、薊為標誌，始於西元前一〇四五年，至今已有三千多年。《史記·燕召（shào）公世家》載：「周武王之滅紂，封召公於北燕」，是為西周燕國之始。這也是關於今北京地區的最早文獻記載。燕京初只是方國之都，後來成為州郡，屬於地方性的行政中心。遼代北京成為陪都，稱南京、燕京。金初仍為陪都，自海陵王貞元元年（西元1153年）遷都燕京，改名「中都」以後，北京始成為一國之首都。這是北京歷史地位的重大轉變，自此，它從地方的行政中心上升為一國的政治中心。元朝忽必烈在北京定都叫「大都」，洪武元年（西元1368年）改大都為「北平府」。元大都的修建，既為北京創造了城市生存和發展的基本條件，也為京師的形制和空間結構奠定了基

1　劉寧波：《歷史上北京人的飲食文化》，《北京社會科學》，1999年第2期。

◀圖1-1　西周早期青銅復尊，北京房山琉璃河遺址出土（趙蓁蘢攝影）

礎。

　　明代，「北平府」成為朝廷的封地，永樂元年（西元1403年），明成祖朱棣將其封地「北平府」改為「順天府」，相對明代都城南京而稱，這裡時稱北京。永樂十九年（西元1421年），明朝將都城從南京遷往北京，鞏固了明朝的統治。「有天下者非都中原不能控制」[1]，這是根據歷史經驗得出的結論，說明了北京在促進中華統一多民族國家的建立和發展中不可動搖的地位。

　　清滅明後，建都於盛京（今瀋陽）。順治元年（西元1644年）清軍入關後，順治帝將首都從盛京遷至北京。

　　民國初年和新中國成立後，北京也都是國家的首都。

　　考古發現證明，北京地區是中原仰韶文化與北方紅山文化的結合地帶。有史以來，北京一直處於北方游牧文化和中原麥作乃至南方稻作文化的交匯點上，萬里長城可以抵禦游牧民族的入侵，卻擋不住胡漢兩種不同文化體系的融合。漢、契丹、女真、蒙古、滿等多個民族都曾在這裡生活。「北京地區從先秦時起既存在民族差異，又出現民族之間相互吸收、交融的現象。建立在不同物質生活和生產方式基礎上的農

1　臺灣「中央研究院歷史語言研究所」編：《明太祖實錄》，中華書局，1962年，第168頁。

點，以正明齋糕點鋪為代表；另一種是清真糕點，最有名的是祥聚公。

市井「京味兒」是海納百川後的本土美味。

北京，地處天子腳下，她以博大的胸懷兼容並蓄、海納百川，廣納各地風味，諸如同和居和萃華樓的魯味兒、四川飯店的川味兒、厚德福的豫味兒、玉華台的淮陽味兒、東來順的清真味兒、砂鍋居的東北味兒等。但是這種「味兒」，已經是經過與北京地緣「嫁接」、業已本土化了的「味兒」。正如專家所描述的：「南菜北上其風味也發生了變化，如淮揚、江浙重甜味、淡味，而北方重鹹味、厚味。南方菜要想在北京立足，就得入鄉隨俗，對調味略加變化，創製出南北合璧的菜餚來。」[1]

市井「京味兒」是京城廚師的「口子」廚藝。

也有學者認為能夠體現市井「京味兒」的還有「口子」廚藝。口子，是北京城裡歷史悠久的一個特殊行業。口子由廚師組成，師徒相傳，專門承辦民間婚喪之事，備辦宴席招待賓客，所以又稱「紅白口兒」，又因一般主家辦事都要搭大棚，故又稱其為「跑大棚的」。

❻ · 北京風味的烹飪技法

北京菜的烹飪技藝擅長烤、爆、溜、燒，大致可以概括為二十個字：爆炒燒燎煮，炸溜燴烤涮，蒸扒熬煨燜，煎糟鹵拌汆。這二十個字是傳統的、普遍的基本方法。在操作上，各個字均有其自己的微妙之處，且每一字都不是只代表一種操作烹調方式。即便是「爆」，就有油爆、鹽爆、醬爆、湯爆、水爆、鍋爆等。以豬肉為原料的菜餚，採用白煮、燒、燎的烹調方法更是獨創一格。口味以脆、酥、香、鮮為特點，一般要求濃厚爛熟，這是帶有傳統性的。就風味而言，滿菜多燒煮，漢菜多羹湯，兩者結合，取長補短，水乳交融，形成京菜的極致。

1　王學泰：《中國飲食文化史》，廣西師範大學出版社，2006年，第148頁。

（二）北京飲食文化的特點

飲食文化不是孤立存在的，必然受到一個地域政治和經濟發展的影響。有學者總結出北京歷史文化的四個特點：

一是北京一直是全國的政治中心。在遼、金、元、明、清五代的千餘年間，是幾十位封建皇帝生活起居和處理國家軍政要務的地方，是這五個朝代的朝廷所在地。

二是北京為多民族聚居區。漢、契丹、女真、蒙古、滿等多個民族是北京歷史文化的創造者。由於歷史和地理的原因，北京是漢民族和北方漁獵、游牧民族交往融合的中心地之一。

三是北京得到全國的經濟和物質的供給。因為北京是中國封建社會後期的首都，所以北京與全國各地的關係是雙向的。在中央集權制的封建社會裡，「普天之下，莫非王土」，一套完整的嚴密的貢奉制度使京都得到最好的物資供應。

四是京杭大運河和漕運是北京的生命線，為北京歷史文化發展創造了一個極為重要的條件。[1]

政治中心地位使得北京飲食文化能夠具有兼容四面八方而融會貫通的發展優勢；多民族聚居促使北京飲食文化呈現出多元的風味特色；中央集權為北京飲食文化的繁榮提供了得天獨厚的條件，極大地豐富了北京飲食資源；北京飲食文化屬於北方飲食文化圈，保持了北方飲食的基本特色，而運河則將南方的飲食文化源源不斷輸入北京，使得北京飲食文化兼具南北之風。北京作為首善之區，為其飲食文化的發展提供了其他都市無可比擬的優越性，在充分吸納各種風味的基礎上，北京飲食形成了自己風格獨特、品位高端、氣象萬千的顯著特色。

縱觀北京飲食文化，可以感受到它具有鮮明的人文特徵，有學者作了這樣的概括：「老北京人，由於過了幾百年「皇城子民」的特殊日子，養成了有別於其他地

1　尹鈞科：《認識古都北京歷史文化特點必須把握住四個基本點》，《中國古都研究》（第十三輯）——中國古都學會第十三屆年會論文集，1995年。

方人士的特殊品性。在北京人身上，既可以感受到北方民族的粗獷，又能體會出宮廷文化的細膩，既蘊含了宅門兒裡的閒散，又滲透著官府式的規矩。而這些，無不生動地體現在每天都離不開的「吃」上。[1]北京飲食文化具有草原文化的粗獷豪放，宮廷文化的典雅華貴，官府文化的規矩細膩，市井文化的質樸大氣等品質，直接影響到北京人的多重性格。

三、北京飲食文化的社會功能與語言魅力

❶ · 北京飲食文化的社會功能

北京飲食文化的魅力不僅在於食物本身，還表現為其具有無窮的文化和精神輻射力。利瑪竇在他晚年寫的《中國札記》一書中感嘆道：他們的飲食禮儀那麼多，實在浪費了他們的大部分時間。這種把吃推及到幾乎所有的人際關係領域，飲食文化的功能被發揮到極致，正是一直以來為世人所感嘆的中國文化的一大特質。

的確如此，大概還沒有一個國家賦予飲食文化這麼多的社會功能。作為禮儀之都的北京尤為著然。人們以食祭祖，以食敬天，以食孝老，以食慶婚，以食敬師，以食賀壽，以食為禮，以食會友，以食求和，以食致歉。特別是大年三十的年夜飯，更是為萬家一統，必不可缺，以彰顯親情，祈盼吉祥和睦。

❷ · 飲食文化的語言魅力

北京飲食文化具有強大的輻射力和浸潤性，在語言方面有很突出的表現。涉及方方面面。北京的尋常百姓也把「吃」運用到日常語言中，很多口頭語中都有「吃」字。有句話說「渴不死東城，餓不死西城」，說的是北京打招呼的方式。東城人見面兒第一句話是「喝了麼您吶？」（北京人有早上喝茶的習慣）；西城人則會說「吃了麼您吶？」北京人充滿語言的智慧，許多精彩的京腔妙語都與飲食有關，譬如：

1　崔岱遠：《京味兒》，三聯書店，2009年，「序言」。

管反感叫「膩喂」，低三下四叫「低喝矮喝」，口渴叫「叫水」，不消化叫「存食」，沒希望了叫「死菜了」，錯誤地受到牽連叫「吃掛落兒」，多心叫「吃心」。管失業叫「飯碗子沒了」。管受重用叫「吃得開」，管不能承受叫「吃不消」，管男人依傍有錢的女人叫「吃軟飯」等等。「吃」的文化符號得到極為廣泛的運用，成為最為盛行的話語形式。

北京人還喜歡取一些食品的諧音賦予吉祥意義。例如遇到歲時年節和婚嫁壽慶時，要送親友些乾鮮果品為禮品，謂之「喜果」。奉送「喜果」時要說些吉祥話，比如送柿子、柿餅就有好寓意，因「柿」與「事」諧音，即說是「事事如意」；送石榴，就說「多子多孫」；送百合寓意「百年和合」；送棗兒、栗子寓意「早立子」；桂圓寓意「圓圓滿滿」[1]。北京人對食物寓意的選擇是以「情」為主導的，著重於人們的心理、情感和行為的和諧愉悅。因為人們有著共同的心理需求——通過飲食感受一種美好的心情。

1　劉寧波、常人春：《古都北京的民俗與旅遊》，旅遊教育出版社，1996年，第136頁。

第二章　原始社會時期

人類飲食經歷了採集時代的生食階段，狩獵時代的熟食（烤食）階段和農耕定居之後的煮食為主兼具烤食的熟食階段。原始社會北京地區的飲食狀況，可以從考古成果獲其大概。「北京人」「新洞人」「山頂洞人」是北京地區迄今發現最為古老的「原住民」，也是史前中華人類發展進化的突出代表。他們的飲食遺跡為我們考察北京地區早期的飲食文化提供了極為寶貴的依據。

第一節　舊石器時代的北京飲食文化

一、「北京人」的飲食生活

❶·發現「北京人」

「北京人」遺址處於北京市房山區周口店鎮龍骨山北部，是世界上材料最豐富、最系統、最有價值的舊石器時代早期的人類遺址，距今約50多萬年，是迄今為止所發現的最早生活在北京地區的原始人類。自一九二一年以來，經過近幾十年的發掘，共發現不同時期的古人類化石和文化遺物地點27處，發掘出土代表40多個個體的人類化石遺骸，十多萬件石器，大量的用火遺跡以及上百種動物化石，這些材料為研究人類發展史和瞭解人類當時的飲食狀況提供了珍貴而生動的實證。

「北京人」使用的石器包括砍斫（zhuó，砍、削）器、尖狀器、刮削器等。砍斫器和刮削器可以用來製造狩獵的木棍，尖狀器則可用來割剝獸皮和挖取野菜，還可作為將動物肉砍分成小塊的工具。這些石器表明，北京人已擁有捕獲動物的器械，已將動物作為主要的食物來源之一。另外，北京人生活的地區有山有水，龍骨山海拔只有110多米，山勢比較低矮，適宜動物活動和圍獵。北京猿人洞附近有多條河流，水流平緩，為北京人捕魚提供了良好的環境和條件。北京人在這片土地上繁衍生息了幾十萬年，創造了輝煌的猿人飲食文化。

發現的赤鐵礦碎塊和灰燼、炭塊以及因燃燒而變黑的獸骨片，也從另一方面驗證了山頂洞人可能已經發明了人工取火的方法。

至六七千年前，生活在今北京平谷區的北埝頭人已有了專用於做飯的灶膛。「北埝頭遺址在平谷縣城西北7.5公里的北埝頭村西臺地上。這裡的主要遺存是10座房址。它們布局較密集，屬於半地穴式建築，平面基本上呈橢圓形，長徑一般4米以上，室內沒有明顯的門道痕跡。每座房址地面中部附近，都埋有一個或兩個較大的深腹罐，其內存有灰燼和木炭等，應當是作為燒煮食物和保存火種的灶膛。」[1]這大概是中國飲食文化史上出現的最早的廚房，標誌著烹飪已有了專門的空間。

❷ · 熟食標誌著人類原始文化的產生

飲食首先是出於人類的天然本能。人類飲食生活的發展過程，大致經歷了兩個階段，其一是自然飲食狀態，其二是調製飲食狀態。

所謂自然飲食狀態，是指早期的人類和其他猿類一樣去尋覓動物、植物等可食的東西，來滿足自己與其他動物相似的飲食需要。我國古書記載，人類最原始的生活是「茹毛飲血」「食肉寢皮」，這大概是漁獵時代的狀況。那時烹調還不存在。在這一階段，人類飲食以生食為主。生食，往往對人的健康不利，使人胃腸受損，民多疾病。只有當人類進入了調製飲食狀態的新階段時，飲食文化才產生，而火的使用是飲食文化起源的關鍵。

所謂調製飲食狀態的「調」主要是指「烹調」，烹在先，調在後。「烹」即熟食法，起始於火的利用。火的發現與運用，使人類進化發生了劃時代的變化，從此結束了茹毛飲血的蒙昧時代，進入了人類文明的新時期。「北京人懂得用火並不是中國飲食史上獨特的成就，但是火的使用讓直立猿人可以熟食肉類食物，熟食的結果讓直立人的牙齒和上下顎變小，臉型也跟著改變，相對的腦容量增加，人也變得比較聰明，所以可以說火的發明對於中國飲食史是一項重大突破。火的利用加速使直

1　齊心主編：《圖說北京史》第二章第三節，北京燕山出版社，1999年。

立人進化成現代人。」[1]

火化熟食，使人類擴大了食物來源，減少了疾病，有利於營養的吸取，從而增強了體質。所以恩格斯指出：「火的使用，第一次使人支配了一種自然力，從而最終把人同動物分開。」[2]這就是「烹」的起源。「烹」是飲食文化的真正肇端，是人類進入原始文化階段的主要標誌。《呂氏春秋‧本味》篇從另一方面將熟食的意義和作用表述得清清楚楚：「夫三群之蟲，水居者腥，肉玃者臊，草食者羶。臭惡猶美，皆有所以。凡味之本，水最為始。五味三材，九沸九變，火為之紀。時疾時徐，滅腥去臊除羶，必以其勝，無失其理。」其意思是說，在烹飪中，水和火的作用很大。鍋內的多次變化主要是靠火來調節控制的，水的「九沸九變」是通過火候的大小來實現的。掌握火的規律，通過時而文火時而武火、區別情況調節火候的手段，貴在恰當；只有恰當，才能治除腥臊，清理其臭，即可以去除水居、食肉、食草三種動物肉中的腥臊羶味，使食物的味道佳美起來。火的有效使用，食物才能真正變成美味佳餚。這大概是古人最初萌發的烹飪美學思想。

儘管在150萬年前元謀人遺址的地層裡，炭屑分布的厚度約有三米，但在這些炭灰中並沒有發現飲食遺存。而「北京人」遺址裡卻有炭化的朴樹籽，經專家對沉積物進行孢子分析，當時還有核桃、榛子、松子等堅果存在。因此，可以說在中國飲食文化史上，北京猿人乃至後來的「新洞人」和「山頂洞人」用火熟食具有劃時代的意義：中國飲食文化的真正開端始於北京猿人、「新洞人」和「山頂洞人」。

三、「王府井人」的飲食生活

一九九六年十二月，在王府井大街南口，發現了古人類文化遺址，被稱為「王

1　張光直：《中國飲食史上的幾次突破》，《民俗研究》，2000年第2期，第72頁。

2　《馬克思恩格斯選集》第3卷，人民出版社，1972年，第153-154頁。

府井人」。為距今約2.5萬至2.4萬年舊石器時代晚期的人類遺存，是古人類生活、狩獵的地方，有豐富的用火遺跡、燒石、動物化石、木炭等。遺址表明當時北京山區的古人類已經逐漸走出山洞，進入平原生活。在北京王府井古人類文化遺址博物館內，圍繞遺址四周陳設了大量的展品和圖片，包括石砧、石錘、骨鏟、骨片等2000多件骨製品和石製品，以及原始牛、蒙古草兔、斑鹿、安氏鴕鳥等動物骨骼化石。東西兩面牆上是大型壁畫，真實再現了2.5萬年前古人類狩獵、製作工具、燒烤食物的生活場景。

第二節　新石器時代的北京飲食文化

一、「東胡林人」的飲食生活

「東胡林人」遺址最早是一九九六年四月初在北京門頭溝東胡林村發現的，處於山區河谷臺地。經過對出土遺物的碳14測定，這片遺址的存在年代被確定在全新世，即距今一萬年的新石器時代早期。[1]「東胡林人」離開山洞，移居到平原臺地上生活，這在人類進化史上是一個重大的轉折。在北京地區，人類的經濟方式由完全以採集、狩獵為生轉變為開始經營農業並飼養家畜，生活方式也開始發生重要變化。因為在東胡林遺址中發現了大量的植物種子，但是其中是否包含有穀物，仍存在爭議。但已經能說明人類的飲食生活開始豐富起來。

在東胡林遺址中發掘出的文化遺存有分布密集的燒火遺跡（火塘）、墓葬、灰坑、石器加工地點等遺跡，也發現有數量較多的石器、陶器、骨器、蚌器及大量的獸骨與植物遺存。在出土屍骨的邊上放有一套兩件石器：一件石棒和一件石磨，是

1　北京大學考古文博學院、北京大學中國考古學研究中心、北京市文物研究所：《北京市門頭溝區東胡林遺址》，《考古》，2006年第7期，第3-8頁。

用來去掉穀皮的。在屍骨的周圍，分布著四五個「火塘」的遺跡。圓形的「火塘」由大小石塊砌成，直徑不足一米，四周有明顯的灰跡。「火塘」中發現了大量沉積物，其中包括燒焦的獸骨和木炭。還發現了一批陶器、骨器、蚌器等重要遺物。據初步研究，東胡林人使用的各種工具主要適用於狩獵及採集活動。至於石磨盤、石磨棒是否也用於加工種植的粟類等旱地農作物，東胡林人是否已經營了農業，尚需對浮選出的植物遺存作科學鑑定後才能得出正確結論。從發掘出土的大量獸骨看，東胡林人的狩獵對象主要是鹿科動物，也有食肉類動物及雜食動物。如在墓葬發掘中找到了豬的肩胛骨和牙齒，表明東胡林人當時的「食譜」也包括豬，至於它到底是野生的還是馴養的，還有待考證。

二、「上宅文化」「雪山文化」的飲食遺跡

「上宅文化」是對北京平谷區的「上宅遺址」和北京大興區的「北埝頭遺址」的統稱。它是北京地區迄今發現最早的原始農業萌芽狀態的新石器時代文化，距今七千至六千年，主要分布於北京地區東部的洳河流域。上宅、北埝頭出土的大量石

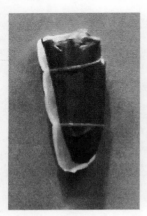

▲圖2-4　新石器時代早期石刮削器，北京懷柔轉年遺址出土（趙榮蘿攝影）

▲圖2-5　新石器時代早期石核，北京懷柔轉年遺址出土（趙榮蘿攝影）

▲圖2-6　新石器時代中期陶雙耳壺，北京　　▲圖2-7　新石器時代晚期紅陶深腹雙耳
　　　　房山鎮江營遺址出土（趙蓁蘿攝　　　　　　　罐，北京昌平雪山遺址出土（趙
　　　　影）　　　　　　　　　　　　　　　　　　蓁蘿攝影）

器、陶器、房屋基址，說明在7000年前北京地區的先民已從事農業生產，過著定居
生活。原始採集農業及栽培農業的出現，很大程度上改變了人類的飲食結構和飲食
習慣。上宅文化由於綻露出鮮明的農業生產萌芽，就使得它在北京乃至中國飲食文
化史上都具有劃時代的意義。「農業也可視為一項重大的革命，中國境內產生農業
以後才可以說有中國史。」[1]

　　「上宅文化」中屬於生產工具類的器物絕大多數為石質，主要是打製、琢製、
磨製、壓削的大型石器和一些細石器，共2000餘件。有石斧、石鑿、石錛、盤狀
磨石、石磨盤、石磨棒以及單面起脊斧狀器、砧石和石球。「這些石器用於加工各
種需要碾磨和脫粒的植物果實或者塊莖。同時，磨盤磨棒上的植物組合，也反映了
7000年前北京平原上人類社會的經濟方式以採集與農業並重。日常飲食包括了粟、
黍、橡子以及一些塊莖類和雜草類植物的種子和果實。」[2]研究發現，磨盤磨棒上的
澱粉主要來自橡子、穀子、糜子和一些豆類、塊莖類。通過對當時人們日常飲食結
構的分析，反映出當時北京平原上經濟方式以採集和農業並重，並未形成真正的農

1　張光直：《中國飲食史上的幾次突破》，《民俗研究》，2000年第2期，第72頁。
2　楊曉燕等：《北京平谷上宅遺址磨盤磨棒功能分析：來自植物澱粉粒的證據》，《中國科學》第39卷（D
　　輯：地球科學），2009年第9期，第1266頁。

業社會。從出土的石羊頭、陶羊頭可以獲知，當時，羊不論作為北京先祖們飼養的家畜，還是作為他們狩獵的對象，都已經成為先民們經常食用的對像是毫無疑問的。出土文物中還有陶豬，同樣，不論是家豬還是野豬，當時「上宅人」已把豬肉當作美味了。「各種動物雕塑、石質捕魚工具及大量的砧石、炭化榛子、山核桃與果核、種子的發現，表明當時人們還有狩獵、捕魚、家畜飼養和採集等輔助手段，這也構成當時北京人食物的一個重要部分。」[1]這證明在6000年以前北京地區存在原始農業，而社會經濟則是農業和漁獵的混合形態。

在北京地區新石器晚期遺址中，以昌平區雪山村一期和二期文化最為豐富。這裡位於山前衝積平原古河道以西的山坡上，土地肥沃。雪山一期文化相當於中原地區的仰韶文化，距今約6000多年。雪山二期文化距今約4000多年，相當於中原地區的龍山文化，這一時期已進入原始社會末期。雪山人已掌握了製陶技術，一期和二期遺存出土了大量陶器，一期以紅陶為主，二期以褐陶為主，也有黑陶、灰陶，種類有罐、鬲（lì）、甗（yǎn）、盆、碗、豆、鼎、杯、環等。較之上宅文化遺址，雪山文化層中陶器種類明顯增加，這些器物的形態與組合關係，是與當時的食品構成、烹飪方式及飲食習俗密切相關的。特別是「甗」的出現，顯示出原始農業的進一步發展。[2]甗，是一種飪食器，上部用以盛放食物的部分稱為甑（zèng），甑底有穿孔的箅，以利於蒸汽通過；下部是鬲，用以煮水，高足間可燒火加熱。北京地區的原始人類是最早使用甗進行烹飪的人群之一。

三、陶器與煮法的出現

陶器直接來源於原始人類的飲食行為。在這漫長的燒烤食物過程中，有時燒焦了不好吃，聰明的祖先想出了用泥土和水揉成一定的形狀，把食物放在上面攤到火

1　劉寧波：《歷史上北京人的飲食文化》，《北京社會科學》，1999 年第2 期。

2　於德源：《北京農業經濟史》，京華出版社，1998年，第32頁。

上焙烤，經火烤燒後，這些泥土變得堅固不漏水，並且可以長久使用，這就是陶器的雛形。在長期的實踐中，人們根據生活的需要，燒製成多種式樣的器具，用於烹飪食物、保藏食品和飲食。由此，陶器也就產生了。[1]《易·繫辭》曰：「斷木為杵，掘地為臼。杵臼之利，萬民以濟」，這裡說的便是燒製陶器的原始原理。人們學會燒製陶器以後，運用陶土首先燒製出來的就是具有炊和食雙重作用的陶罐，然後才逐步由陶罐分化演變出專門的炊具和各種食具。

燒、烤之後出現了煮法，烹飪法的進步同烹飪器具的發展關係非常密切。陶器時代的新烹飪法主要是烹煮和蒸製。由於當時對穀物糧食只能進行脫粒、碾碎等簡單的加工，因此，食品加工不外乎蒸、煮兩種方法，即將碾碎的糧糝放入鼎、鬲等炊具中和水而煮，或將糧糝揉成飯糰麵餅置入甑、甗中順汽而蒸，因此，粥羹類軟食與餅團狀乾食就構成了北京地區新石器時代的主要成品食物。其時煮法有二，一是把燒熱的石塊放到水裡去煮，二是把肉、粟等食物放在陶器、石器等容器內，然後再用火燒這些容器，將食物煮熟。就在這種煮法興起之後，人類第一次創製了飯菜混合食物，人們把粟類或研碎的糧食粉與肉類、菜類混煮，出現了新的飲食結

▶圖2-8　東周時期朱繪陶鼎（趙蓁蘢攝影）

1　朱乃誠：《中國陶器的起源》，《考古》，2004年第6期。

構。這時，人類使用火創造了原始的烘乾貯存方式，這是比自然飲食階段的晾乾、冷凍的貯存更為進步的方式。

　　陶鼎是一種煮食具，是在釜的基礎上發展起來的，是釜灶合一的炊具。有三條或四條腿，以取代固定釜的灶口或支架。使用時，在腹下架柴。《周易・鼎》云：「以木巽火，亨（古通烹）飪也。」把鼎足改造成中空的錐狀的「款足」，增大了鼎的容量和受熱的面積，這便是「鬲」。《通鑑前編・外紀》載：「黃帝作甑，而民始飯。」陶甑體如罐，底部有孔，孔上墊竹箅，竹箅上放米，置甑於有水釜上蒸成飯。如前文所述，甑與鬲的組合便是甗，是蒸煮合用的新炊具。甑與甗的出現，標誌著蒸汽加熱烹飪的開始。從此，北京地區的人們就開始有了極富中國飲食特色的「蒸」法。其產生年代，不遲於西元前5000至前4000年。到目前為止，世界上還沒有其他國家發現用甗、甑早於中國的。有了「鬲」「甑」等鍋類炊具，才有了用它去煮蒸食物的可能，使人類熟食的方法由此產生了新的變革，這是人類飲食史上又一劃時代的進步。

　　從「北京人」「新洞人」「山頂洞人」到「東胡林人」，再到「上宅」「北埝頭人」，最後是「雪山人」，我們可以大致勾勒出北京地區原始社會時期人類由山區（山洞）向山前丘陵地帶和山前臺地遷移，並進一步向平原地帶遷移的軌跡。與這一軌跡相對應的，就是人類逐漸脫離狩獵、採集的生活方式而向農業生產方式的轉變。因為在人類最初懂得栽培之後，只有平原地區才能為人類提供更多的便於開墾的肥沃土地。在生產水平十分低下，生產工具十分簡陋的情況下，不斷尋找便於耕作的土地，才是促使古人類不自覺地由山區、半山區向平原地區遷徙的真正原因。[1]北京地區原始人類居住環境的變化，完全是基於飲食的需求。

1　於德源：《北京農業經濟史》，京華出版社，**1998**年，第35頁。

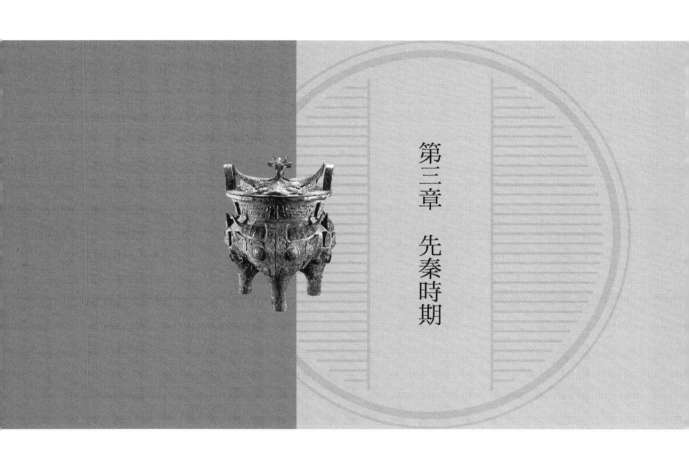

第三章　先秦時期

在夏商和西周時期的北京地區，水資源極其豐沛，農業有所發展。除農業之外，當時的人們還進行畜牧業和狩獵，在傳說中的夏代中期，商族的祖先王亥就率領族人在今天北京以南的易水河畔放牧並從事交易活動。《管子・輕重戊》稱王亥「立皀牢，服牛馬，以為民利」。西元前一〇四六年周滅商後，分封諸侯。《史記・周本紀》也說武王伐紂之後，「封召公奭（shì）於燕」。史學界將燕、薊受封之時，作為北京境內有文字記載建城的開始。

第一節　夏商西周飲食文化的地下發掘

一、飲食器具的種類

北京地區夏商和西周時期的考古發現，以屬於夏家店下層文化的平谷劉家河村遺址[1]、張營遺址、房山塔照遺址和琉璃河遺址等為代表。夏家店下層文化上承新石器晚期文化，向下延伸到商周之際，有一千多年的發展過程。因最初發現於內蒙古自治區赤峰市夏家店遺址下層而得名，主要分布在燕山山地和遼西及內蒙古東南部地區，年代為西元前2000至前1500年。

一九七七年八月，在北京市平谷劉家河村村東一處池塘邊，發現商代中晚期至商代晚期前段墓葬一座，出土金、銅、玉、陶四類器物共計40餘件。[2]其中青銅禮器十餘件，計雲雷紋小方鼎2件，弦紋鼎、鬲、甗各1件，弦紋短流提梁三錐足1件，饕餮紋分襠三袋足1件，饕餮紋鼎2件，饕餮紋爵、卣（yǒu）、瓿各1件，三羊1件，鳥首魚尾紋盤、鳥柱龜魚紋盤各1件。「從隨葬陶物的數量和種類中——特別是作為蒸飯器的甗——可以看到原始農業經濟已在當時社會經濟生活中占有舉足輕

1　北京市文物研究所：《北京考古四十年》，燕山出版社，1990年，第311頁。

2　北京市文物管理處：《北京市平谷縣發現商代墓葬》，《文物》，1977年第11期。

▲圖3-1　夏商時期的紅陶蛇紋鬲，北京昌平張營　　▲圖3-2　夏商時期的青銅鳥柱龜魚紋盤，北京平谷劉家河遺
　　　　　遺址出土（趙蕤蕳攝影）　　　　　　　　　　　　址出土（趙蕤蕳攝影）

重的地位。」[1]以羊和鳥、魚等鼎中之食作為器皿紋飾，反映了當時人們的飲食觀念和美食追求。

　　二○○四年，北京市文物研究所的工作人員在北京昌平南邵鎮張營村張營遺址發現了北京迄今為止唯一的一座夏代墓葬，位於北拒馬河西岸。第三層至六層為夏商時期文化層，厚1-2米。出土文物有陶器、石器和銅器。陶器多為夾砂褐陶，有鬲、甗、罐、盆等器物，器表一般施繩紋，以手製為主。石器主要為磨製的鐮刀、鏟、斧等生產工具。銅器主要是小件工具、兵器和裝飾品，有鑿、錐、漁叉、鏃、喇叭形耳環等。鹿角製成的工具是這時期的一大特色，有鎬、鏟。

　　西周時期的燕國，都城遺址現已可確定，在今北京市房山區琉璃河鎮董家林村。即周武王滅紂之後，「封召公於北燕」[2]的建都之所。這就是北京歷史上最早的城，我們常說北京建城已有三千多年就是從這時算起的。該遺址是迄今西周考古中發現的唯一一處城址、宮殿區和諸侯墓地同時並存的遺址。其東南不遠的黃土坡墓地，就是西周時期的貴族墓地。死者應是與侯的關係十分親密的近臣

1　於德源：《北京農業經濟史》，京華出版社，1998年，第41-42頁。
2　司馬遷：《史記》卷三四《燕召公世家》，中華書局，1982年。

第
三
章

先
秦
時
期

▲圖3-3　西周時期的堇鼎，北京房山琉璃河出　　▲圖3-4　西周時期的伯矩鬲，北京房山琉璃
土　　　　　　　　　　　　　　　　　　　　　　　河出土

或親屬，隨葬品皆有鼎、鬲、簋、爵、觶、尊、卣、盤等成套禮器。其中出土了北京地區最大的一件青銅器——堇鼎，及禮器伯矩鬲。琉璃河1193號大墓還出土了克盉和克罍（léi）。「克」是人名，盉與罍都是青銅酒器。當時的經濟生產，主要是農業和手工業。農業生產和商代相比，沒有什麼突出變化，手工業的發展卻很顯著，門類也很多，除青銅器外，還有陶器、石器、玉器、漆器。青銅器從用途來講，可以分為食器與禮器兩大類。禮器除用作明器外，還用在各種祭祀和禮儀活動之中，所以，我們從青銅器的用途講，青銅文化在某種意義上就是飲食文化。如北京「昌平縣曾出土一件3000多年的青銅四羊尊酒器。作為畜牧業代表的羊與農業產品的酒能結合在一起，絕不是偶然的。可以說這是兩種經濟交流結合的產物，也說明遠在3000年前，北京人的飲食即兼有中原與北方游牧民族的特點。」[1]北京飲食文化最為顯著的特點應該就是游牧和農耕兩種不同經濟生產方式的融合，這是一條北京飲食文化發展的主線，從3000多年前一直延續下來。

1　魯克才主編：《中華民族飲食風俗大觀》北京卷，世界知識出版社，1992年，第1頁。

工具。

❷．農業生產的發展

　　北京及周邊地區冶鐵技術的先進，必然大大推動農業生產的發展。青銅器的發明對於農業生產的影響並不大，青銅器在絕大部分青銅時代主要不是用來作為農業生產的直接工具，而是作為食器和禮器。青銅器沒有得到比鐵器更為廣泛推廣的原因，主要是因為資源稀少、價格昂貴，而鐵器的優勢正好彌補了這些不足。再就是鐵器堅硬、韌性高、鋒利，勝過石器和青銅器。低廉的價格，極利於推廣和普及到農業生產上去。

　　先秦時期的人們已經對水與農業的關係有了深刻的認識。《管子‧禁藏》就說：「食之所生，水與土也。」《荀子‧王制》更提出了通過水利工程趨利避害的主張，稱：「修堤梁、通溝澮（大溝），行水潦，安水臧，以時決塞，歲雖凶敗水旱，使民有所耘艾」。燕地北京境內河流眾多，如今之潮白河、永定河、拒馬河等，為燕國興修水利提供了優越的自然條件。另外，戰國時期燕人挖掘水井比較普遍，在今北京陶然亭、清河、蔡公莊、宣武門、永定河河畔，發現了戰國至西漢時的陶井多

▲圖3-7　東周時期的青銅蟠螭紋罍，北京延慶軍都山墓地出土（趙蕤蘢攝影）

▲圖3-8　東周時期的朱繪陶簋，北京昌平松園村戰國墓葬出土（趙蕤蘢攝影）

眼。陶井用多節陶圈套疊起來砌成,呈筒狀,位於居住區的是飲水用井,位於田野的是灌溉用井。當時,北京農業發展到灌溉農業的歷史階段,農業剩餘價值大幅度增加,飲食當中的主食和蔬菜品種也更為豐富。

燕昭王時,著名陰陽家鄒衍曾在燕國北部山區教民種穀。《嘉慶重修一統志‧順天府》:「黍谷山在密雲縣西南十五里。劉向《別錄》:『燕有黍谷,地美而寒,不生五穀,鄒子居之,吹律而溫氣生。』舊有鄒衍祠在山上。」鄒衍吹律而生五穀,向來被認為是無稽之談,其實不然。「律」在古代不僅是一種樂器,而且是一種測氣儀器。鄒衍吹律測出地的溫度和濕度,進而確定無霜期和播種期,指導人們進行農業生產。到戰國時,在辨土、審時、深耕、除草、通風、培本、治蟲、施肥等各個環節,特別是在人工灌溉保墒方面,都積累了豐富的經驗。先民們極重農時,《呂氏春秋‧審時》中說道:「得時之禾,長稈長穗,大本而莖殺,疏機而穗大,其粟圓而薄糠,其米多沃而食之強。」「得時之黍,芒莖而徼下,穗芒以長,搏米而薄糠,舂之易而食之不噮而香。」「得時之麥,稈長而莖黑,二七以為行。而服薄糕而赤色,稱之重,食之致香以息,使人肌澤且有力。」還有對「得時之稻」「得時之麻」「得時之菽」的描述,已經細微到從性味上分辨糧食的色香味並注意到它的營養價值和養生效果了。

有了農業技術的支撐,加上土地肥沃,燕地糧食生產便有了好收成。《戰國策‧燕策》裡有蘇秦對燕文侯說的一段話:「燕國北有棗栗之利,民雖不由田作,而棗栗之實足食於民矣,此所謂天府也。」[1]就是說,當時北京地區的老百姓是可以用棗和栗這兩種果實為主要糧食的,並且十分富足。《史記‧貨殖列傳》載:「燕秦千樹栗,⋯⋯此其人皆與千戶侯等。」

除棗栗果樹外,桑蠶的種植和生產也是燕國農業的重要部分,《史記‧貨殖列傳》說「燕、代田畜而事蠶」。所謂燕地「田畜而事蠶」,是將畜牧業的生產與桑蠶

---

1 劉向編:《戰國策》卷二九《燕策》,上海古籍出版社,1985年。《史記》卷六九《蘇秦傳》作「車六百乘,粟支數年」,其餘文字與《戰國策》同。

的種植生產並稱，反映出桑蠶的種植生產非常普遍。《晏子春秋・內篇雜上》云：「絲蠶於燕，牧馬於魯。」蠶絲在燕地也頗出名。燕地還盛產薊，為多年生草本植物。薊有不同的品種，可以入藥，傳說食之能延年益壽，當時人稱為「仙藥」「山精」。薊之嫩莖葉可食用或作飼料。在北京飲食文化中，「薊」大概是最早的醫食同源的例證。「薊城」一名的來源，可能與薊草相關。以所食植物作為都城名稱，足見飲食影響之深遠。或許也正是「薊」具有特殊的食用功效，才被用於指稱行政區域。

燕地主要糧食作物是粟，蘇秦說到其時的燕國：「地方二千餘裡，帶甲數十萬，車七百乘，騎六千匹，粟支十年。」[1]表明當時北京地區糧食之充足。粟對土壤要求不高，非常適應燕地降雨量小、易乾旱的生態環境。粟去殼後即為小米，營養價值很高。尤其重要的是，粟的堅實外殼具有很強的防潮防蛀性，因而易於貯藏。此外，還有一些人文因素的原因：其一，粟的產量比黍高。在北方諸穀中，以粟的畝產量為最高，比麥、黍幾乎多一倍。其二，明代徐光啟的《農政全書》中亦記，「五穀之中，惟粟耐陳，可歷遠年」。今考古發現，不少粟在幾千年後依然子粒完整。在災情頻繁的北方，耐貯藏是人們選擇的一個重要條件。其三，品種多，能適應多方面的需求。粟可分為稷（狹義，指「疏食」，即粗米）和粱兩大類，分別適應社會上、下層主食的需要。由於自然選擇和人文選擇的合力，粟即稷成為當時燕地栽培最早、分布最廣、出土最多的主食作物，被尊為「五穀之長」。後，「稷」與「社」一起組成國家的象徵，古農官也以「稷」命名之，足見其地位的重要。

不過，燕國當時用於充飢的並不只是粟。據《周禮・職方氏》所記，幽州「其穀宜三種」，鄭玄《注》「三種」是黍、稷、稻。幽州的中心是薊城（今北京中部和北部，或薊縣）。唐賈公彥《疏》，幽州「西與冀州相接，冀州皆黍、稷，幽州則宜稻。」黍，即為黍子，脫皮即為黏黃米；稷，即為粟（穀子），脫皮為小米。黍、稷是中國古代北方的主要農作物，亦為北方居民主要的糧食品種。稻是喜水農作物，

第三章 ■ 先秦時期

1　劉向編：《戰國策・燕策》，上海古籍出版社，1985年。

37

燕國有稻，種植於水利條件較好的地區。

　　春秋戰國時期，北京飲食結構的基本格局已經確立，即以穀物為主，以肉類為輔。而在穀物中，又以粟最為重要。《漢書·食貨志》曰：「洪範八政，一曰食，二曰貨。食謂農殖嘉穀可食之物。」一方面說明食之重要，另一方面指出了食之對象主要就是農產品。以穀物為主、以肉類為輔這一飲食結構的確立，正是在春秋戰國時期。

第四章 秦漢至隋唐時期

漢代人盛行厚葬，日常吃的食物及食器都要隨葬。所謂「厚資多藏，器用如生人」[1]。北京地區亦多有漢代墓葬發現，出土的器物以陶器為主，有壺、扁壺、杯、盤、魁、盆、三足爐與釜等飲食明器，以及陶倉、陶臼、陶舂等稻米加工工具。可以看出，當時北京地區的農業發展狀況和基本的飲食情況。

東漢末年，社會矛盾衝突劇烈。北京地區農業生產受到非常嚴重的破壞，土地荒蕪，糧食匱乏，人多饑饉而亡。曹魏初年，統治者實施「鎮之以靜」的休民政策，幽州百姓得以休養生息。但，東北邊境的鮮卑人對幽州數次寇邊，鎮北將軍劉靖駐守薊城（今北京），在薊城外推行屯墾戍邊、寓兵於農的政策，大興農田水利、屯田種稻。

西元五八一年，隋文帝結束了南北朝的分裂局面，建立了隋政權。這一時期，北京地區的行政區劃和名稱更替頻繁。隋代初年廢燕郡存幽州，大業初年又改幽州為涿郡，治所在薊城，所轄九縣中的薊、良鄉、昌平、潞等縣和懷戎縣東部，均在今北京境內。[2]此外，安樂郡的燕樂、密雲兩縣在今密雲境內；漁陽郡無終縣既兼有洳河、泃河二水，亦含有今北京平谷區部分區域。唐武德元年（西元618年）隋亡，李淵建立唐朝。唐代的幽州的區域範圍或分或並，多有變化。據《舊唐書‧地理志二》載：唐武德元年（西元618年）再改隋涿郡為幽州，只領薊、良鄉、涿、雍奴、次安、昌平六縣。唐太宗貞觀年間，擴大了幽州管轄範圍，增加了范陽、漁陽、固安和歸義四縣，共十縣。唐玄宗在天寶元年（西元742年）二月，詔「天下諸州改為郡」[3]，幽州改稱范陽郡。唐肅宗乾元元年（西元758年）范陽郡恢復幽州舊稱。唐代，北京境內除置幽州外，還包括了檀州（治今北京密雲）和媯（guī）州媯川縣（今治北京延慶）。

1　桓寬：《鹽鐵論‧散不足》，上海人民出版社，1974年。

2　參見魏徵：《隋書》卷三〇《地理志中》，中華書局，2002年。

3　劉昫：《舊唐書》卷九《玄宗紀下》，中華書局，1975年。

第一節　秦漢時期的飲食文化

一、漢墓中的飲食文化

北京地區的漢代考古發現主要包括城址與墓葬兩方面。城址中有漢代燕國或廣陽國都城的薊城遺址，還有曾經作為戰國時代「燕中都」[1]、漢代良鄉侯侯國首府的房山區「竇店古城」遺址，以及漢代的西鄉縣故城[2]、廣陽縣故城[3]等城址。漢代墓葬如大葆台西漢墓、順義臨河東漢墓等。近年來，不斷有漢墓被發掘出來。如二〇〇四年在延慶縣發掘出一座東漢磚室墓。值得注意的是，此次出土的陶器十分有特色，大多刻畫有紋飾。方形的陶井、陶塑的豬、狗、雞、鴨等造型逼真，為延慶地區歷年來罕見。從這些考古發現，可窺見當時北京地區的飲食文化。

大葆台漢墓和老山漢墓是這一地區規模最大、規格最高的漢代王陵。兩座漢墓出土文物千餘件，有銅器、鐵器、玉器、漆器、瑪瑙器、金箔、陶器及絲織品等。其中，大葆台西漢墓提供了墓主劉建其人飲食的基本信息，發現有帶殼的小米（粟），出土時僅剩空殼；以及栗子皮（果已無存），這種栗子為山毛櫸科板栗屬的板栗。由此可見，西漢時粟飯是北京地區的主食，即使貴族也不例外。西漢時，其他糧食種類還沒有取代粟的地位。《漢書・食貨志》中云：「粟者王者大用，政之本務。令民入粟受爵至五大夫以上。」足見當時粟對於國政民生之重要。此外，還發現有豬、雞、雉、兔、鴻雁、鯉魚、貓、山羊、鳥，以及天鵝、白頸鴉、豹、牛等生禽鳥獸和棗、栗、黍等食品的遺存。據《周禮・天官・食醫》，周朝的王公貴族講究「牛宜稌、羊宜黍、豕宜稷、犬宜粱、雁宜麥、魚宜菰，凡君子之食恆

1　燕中都之稱，見於《太平寰宇記》卷六十九《幽州良鄉縣》下：「在燕為中都，漢為良鄉縣，屬涿郡。」

2　《漢書・地理志》載：「西鄉侯國，莽曰移風。」到了王莽新朝時期，即西元9年至西元23年，將「涿郡」改為「垣翰」，「西鄉」改為「移風」。至東漢廢西鄉縣，併入涿縣。

3　《水經・聖水注》：「聖水又東，廣陽水注之，水出小廣陽西山，東逕廣陽縣故城北。」中國古代以山之南、水之北稱陽，以示其朝向陽光照射之意；以山之北、水之南稱陰，以示背陽之意，「廣陰」即廣陽水之南岸。燕國廣陽舊地在今北京市西南郊一帶，廣陰亦應距之不遠。

放焉」。這是周禮所認為最適宜的飯菜搭配法，也是君王和貴族大夫用膳的共同準則。隨著食物的豐富，漢代社會上層的飲食結構沿襲了《周禮》，糧肉搭配已相當合理，真正做到了「五穀為養、五果為助、五畜為益、五菜為充。」[1]

老山漢墓是北京市二〇〇〇年的一項重大考古發掘，曾引起社會各界的廣泛關注。其中有一批彩繪陶器，這批彩繪陶器，數量多，器類全，色彩鮮豔，是迄今北京地區出土的數量最多、保存狀況最好的一批漢代彩繪陶器。老山漢墓的年代為西漢中晚期。說明當時進入了陶器、原始瓷器向瓷器的過渡時期。漢代早期的原始瓷，其質量較先秦有明顯的提高。西漢晚期，鼎逐漸退出飲食領域，而成為一種權力和權勢的象徵物。東漢晚期，製瓷技術又有了提高，東漢時，北京人的飲食文化已步入了美器的時代。

在順義大孫各莊鎮田各莊村，也發現大型漢墓群，它們均為漢代磚室墓，內隨葬有陶罐、壺、耳杯，以及樓、倉、灶、豬圈、廁所和豬、狗、馬、雞等陶製明器。專為隨葬而做的明器，可分模型和偶像兩大類。秦和漢初首先出現的是模型類的倉和灶。從西漢中期以降，迄於東漢後期，除倉、灶以外，井、磨盤、豬圈、樓閣、碓房、農田、陂塘等模型及豬、羊、狗、雞、鴨等動物偶像相繼出現，時代愈晚，種類和數量愈多。這些明器反映了當時北京地區農業經濟和飲食生活狀況。倉的出現，一方面說明當時糧食的充足，另一方面說明了糧食貯存和加工技術的提升。這些都為飲食文化的發展奠定了必要的基礎。再以灶為例，明器的灶與現代農村的柴灶很相似，立體長方形，前有灶門後有煙囪，灶面有大灶眼一個，或者小灶眼1-2個。灶有擋火牆，前方後圓式，灶面富於裝飾性。灶的完善，大大推動了烹調技藝的發展，也使火候的把握成為可能。

二〇〇三年，在薊縣東大井墓地出土了一件漢代陶質燒烤型火鍋，它不僅具有火鍋的功能，還可以用來燒烤，是一件實用性極強的家庭餐飲用具。其底部長33.5釐米，寬19.5釐米，深5釐米，整體為長方形四足槽形器，底部及四個傾斜壁均有圓

1　不著撰人：《黃帝內經・素問》，上海書店，1985年。

形透氣小孔。在長方形底部的一側有一個圓形支架，其直徑14.5釐米，上面置一陶鉢，是一件集烤、涮為一身的單人炊具。《禮記・禮運》載：以烹以炙，正是對其形象而真實的記載。

二、漢代農牧業經濟發展對飲食文化的影響

通過北京地區漢代考古發現的城址和墓葬兩方面的考古資料證實，北京地區是當時漢王朝東北部規模最大的政治中心、文化中心、經濟中心。薊城位於華北平原北端通向西北、朔北和東北地區的要沖，也處於居庸、古北、山海關三條通道關隘的交會點，秦馳道的修通與秦長城的修築，加強了薊城作為秦朝北郡重鎮的地位。西漢建立時，將全國共分為54個郡，燕為侯國，轄4郡1國領縣76個，位居諸國之首。《漢書・地理志》載：西漢末，平帝元始二年（西元2年）今北京地區在幽州牧統監之下的地域分屬5個郡、國，即廣陽國和涿郡、上谷、漁陽、右北平四郡。漢代的北京之重要，在《史記・貨殖列傳》中有載：「夫燕……北鄰烏桓、夫餘，東綰穢貉，朝鮮，真番之利。」有「魚鹽棗栗之饒」等生動的描述。

《史記・燕召公世家》：「索隱徐廣云：『涿有督亢亭。』地理志屬廣陽。然督亢之田在燕東，甚良沃。」可見督亢是燕國重要農作區。漁陽在西漢置有鹽鐵官，兩漢之際，漁陽太守彭寵利用鹽鐵貿易進而積兵反漢。幽州牧朱浮上疏云：「今秋稼已熟，復為漁陽所掠。」詔書答稱：「今度此反虜，勢無久全，其中必有內相斬者。今軍資未充，故須後麥耳。」[1]秋稼與夏麥並舉，秋稼，當是指稻或粟。北京地區歷史上種水稻最準確的記載是在東漢初年，建武十五年（西元39年），張堪為漁陽太守，他在狐奴山（今北京市順義牛欄山附近）下，「於狐奴開稻田八千餘頃，勸民耕種，以致殷富」，開北京地區種水稻之先。張堪在漁陽視事八年（建武十五年至十二年，西元39-46年），糧食充足，人民富裕，邊防充實，為吏民所信服，百姓作

1　范曄：《後漢書》卷一二《彭寵傳》；又卷三三《朱浮傳》，中華書局，1965年。

歌謠讚頌他，「桑無附枝，麥穗兩岐，張君為政，樂不可支」[1]。由於狐奴地區泉水眾多，氣候適宜，因此這裡的水稻稻香可口，名聲大振，成為皇帝享用的「貢米」。順義魯各莊「文革」前曾有一座張堪廟，紀念的正是東漢初年的漁陽太守張堪，廟裡壁畫上描繪了水稻植播的全過程。東漢末年，劉虞為幽州牧，「務存寬政，勸督農植，開上谷胡市之利，通漁陽鹽鐵之饒，民悅年登，穀石三十」[2]。可見在東漢時期，這個地區農業已有相當程度的發展。

牧業在這裡仍然是重要的產業，幽州的騎兵在東漢即以勁旅著稱。《周官・職方氏》記幽州「畜宜四擾（馬牛羊豕）」。所謂的「息眾課農」也就是拓跋部落由游牧經濟向農業經濟轉變的過程，燕地畜牧滋盛，物價低平，是本地最有名的馬產地，遂使燕國擁有眾多騎兵。《後漢書・吳漢傳》記南陽宛人吳漢「亡命至漁陽，資用乏，以販馬自業，往來燕薊間」，他對漁陽太守彭寵說：「漁陽、上谷突騎，天下所聞也。」漢靈帝時蔡邕上疏稱，「幽、冀舊壤，鎧馬所出」[3]。說明當時幽州確以產馬馳名。而馬肉也是人們盤中之佳餚。否則，荊軻便難以知曉馬肝之味美。

從考古遺址和相關記載可以獲知，秦漢期間北京的農業生產力比較發達，而先進的生產工具是其最為突出的表徵。北京地區的冶鐵技術一直處於全國領先地位，這為鐵質農具的生產在技術上提供了可能性。鐵製農具的廣泛使用，使北京地區的荒地得到大量開發。海淀、延慶、平谷等地的西漢墓中出土了各種鐵製農具。北京清河鎮朱房村西漢古城遺址中發現了鐵農具鋤、鏟、斧、耬犁、钁、耬足等，均為鑄件。[4]當時用於農業耕作新發明的鐵足耬車播種技術的推廣，使得漢代幽州地區的農業得到了突飛猛進的發展，特別是上述考古發掘的諸城址及其周圍宜於農業耕作的地區，糧食的大量生產成為一種可能，這就為當時人口的增長提供了足夠的生存

1 范曄：《後漢書》卷三一《張堪列傳》，中華書局，1965年。
2 范曄：《後漢書》卷七三《劉虞列傳》，中華書局，1965年。
3 范曄：《後漢書》卷七四下《袁紹・劉表傳贊》注引；又卷六〇下《蔡邕傳》注引，中華書局，1965年。
4 蘇天均：《十年來北京所發現的重要古代墓葬和遺址》，《考古》，1959年第3期。

中國飲食文化史　■　京津地區卷・上冊

條件。這些考古發掘的農業技術信息和文獻記載的情況與考古發現城址的地理分布特徵是相符的。[1]

秦漢時期，北京地區農業生產的發展對飲食文化的走向起到了舉足輕重的作用，為北京飲食文化特點的形成奠定了物質基礎，即由原先以肉食為主導的特點轉化為肉食與穀物並重的飲食格局。農業生產可以提供足夠豐富的並且相對穩定的主食資源，而肉食漸漸退居至副食的地位。

在秦漢時期，北京飲食文化的區域特質已經大致凸顯，首先是灶的出現，衍生出中國飲食文化中一些最常見的烹飪方法。

其次是主、副食區分分明，稻、麥、粟、栗、黍、棗等成為飲食的主體部分，而牛羊等牲畜的肉製品僅是人們生活中的副食品，形成了以穀物為主，輔以蔬菜，加上肉品的飲食結構，奠定了農耕民族以素食為主導的飲食結構基礎。

第三是北京地區與北方游牧民族相連，為農業和牧業共存的地域，飲食文化中摻入了游牧民族的風味，形成以羊為美味和「以烹以炙」的飲食習性。

第四是北京與周邊地區貿易往來頻繁。秦始皇統一天下後，分天下為三十六郡，其中原戰國時期的燕國分為六郡，現在的北京地區分別劃由漁陽、右北平、上谷、廣陽四郡分管，薊城屬廣陽郡，而且是其首府。北京處於經濟發達地區的包圍當中，這一位置優勢為當時北京貿易繁榮提供了便利條件。

1　馬保春：《北京及附近地區考古所見戰國秦漢古城遺址的歷史地理考察》，北京市哲學社會科學「十一五」規劃項目《燕國歷史政治地理研究》的階段成果。

第二節　魏晉南北朝時期的飲食文化

一、農業生產的恢復

東漢末年，連年戰亂，社會矛盾激化，人們流離失所，導致農田的大量拋荒。漢靈帝之世，蔡邕上疏曰：「伏見幽、冀舊壤，鎧、馬所出，比年兵飢，漸至空耗。」[1]其時幽州北部連年遭受鮮卑人的侵擾，土地和財物被侵占。面對一派荒涼的景象，曹魏初期幽州地方官制訂並實施了與民休息，「鎮之以靜」的治理政策，促進屯田戶和自耕農人口的增加，為幽州農業生產的恢復創造了條件。

曹魏在大興屯田和州郡農業的同時，還興修水利，提高農業生產技術，精耕細作，單位面積產量迅速提高，北方的農業較快地恢復了。就水利建設言，曹魏時興建修復了不少渠堰堤塘，以滿足灌溉農田的需要。這些水利設施中，劉靖在薊縣附近修的戾陵堰、車廂渠，是北京最早的大型水利工程。戾陵堰工程從壩址的選擇到渠線的布置，都相當合理。從引水口分流河水進車廂渠向東注入高粱河，每年可澆灌農田二千頃，史稱「水溉灌薊城南北」。《三國志》卷十五《魏書‧劉馥傳》附《劉靖傳》中講到：「靖以為『經常之大法，莫善於守防，使民夷有別』，遂開拓邊守，屯據險要。又修廣慶陵渠大堨，水溉灌薊南北；三更種稻，邊民利之」。今北京石景山、豐台、海淀一帶的水稻種植，大都是從這個時期開始的。農田有了充足的水源，旱田變為水田，糧食作物由旱地雜糧改為水稻，而且開始採用輪作制種稻。糧食產量大幅度提高，解決了軍糧及民食的問題。《水經注‧鮑邱水》載有劉靖碑文，碑文稱頌戾陵堰灌溉工程：「水流乘車箱（廂）渠，自薊西北逕昌平，東盡漁陽潞縣，凡所潤含，四五百里，所灌田萬有餘頃。高下孔齊，原隰底平，疏之斯溉，決之斯散，導渠口以為濤門，灑彪池以為甘澤，施加於當時，敷被於後世。」這一工程延續到唐代還在使用。

---

[1]　范曄：《後漢書》卷六〇下《蔡邕傳》，中華書局，1965年。

西晉初期，西北和北方的匈奴、鮮卑、氐、羯、羌、烏桓等民族已大量進入黃河流域。建興四年（西元316年），西晉滅亡。第二年，東晉建立。東晉期間，北方諸侯紛爭，北京地區正值其衝要。經過政權的多次更迭，終歸由鮮卑拓跋氏的北魏所統治。

北魏時幽州仍治薊城，領燕郡、范陽和漁陽郡，共18縣。北魏後期的農業技術，有了較大的進步。北魏統治者的漢化政策，是北魏經濟文化發展的大前提。從北魏賈思勰所著的農學名著《齊民要術》中我們可以看到，北魏在繼承傳統農業技術的同時，又有許多創新。如根據土地的墒情（土壤濕度）進行耕作的技術，水選、溲種（拌種）等種子處理技術，種子保純防雜技術，水稻催芽技術以及綠肥的使用、輪種和複種，果樹栽培和嫁接等，反映出北魏的農業技術已達到較高的水平。北魏末年，分離為東、西兩個政權——東魏和西魏。稍後，北齊取代東魏，西魏轉化為北周。北齊至其被北周所滅之後，幽州一直統轄燕、范陽和漁陽三郡。北齊期間，「開督亢舊陵，設置屯田」，稻作生產得到延續，直到現在房山區長溝一帶與相鄰的涿縣「稻地八村」仍是一片老稻區。據《齊民要術》載，當時的水稻已有旱稻、香稻、糯稻等品種。正是有了這種種的傳統，才有了後來老北京的一首民謠「京西稻米香，炊味人知晌，平餐勿需菜，可口又清香」。在北方，稻作生產如此受到重視，這不僅是魏晉南北朝時期北京農業生產的一個特點，也應該是其飲食文化一個靚麗的特色。

二、多民族聚居區的形成

魏晉時期，幽薊地區具有以下特點：

第一，當以中原政權為代表的中央政權力量強大時，幽薊往往成為北方的經濟、貿易中心和北方的軍事重鎮；

第二，當以中原政權為代表的中央政權力量衰弱時，幽薊往往成為軍事割據勢力的中心之一；

第三，當中原政局混亂時，幽薊又成為北方游牧民族南下中原的軍事前哨基地。這一區位優勢吸引了北方不同民族向這裡彙集。

當時，北京地區呈多民族雜居的狀態，北方烏桓、鮮卑、突厥等族紛紛遷入。西晉時，太行山區已遍布雜胡，「群胡數萬，周匝四山」[1]；畜牧業的發展水平得到了一定的提高，幽州的馬和筋角，馳名天下。不少文學作品都有對幽州筋角製成的弓弩稱讚的章句，如魏人陳琳的《武庫賦》、晉代江統的《弧矢銘》等。

為恢復生產，薊城一帶的烏桓、鮮卑人主動參加修復戾陵堰與車廂渠水利工程，「諸王侯不召而自至，襁負而事者益數千人」。東晉政權偏安南方，北方出現了由匈奴、鮮卑、羯、氐、羌等少數民族統治者建立的政權，史稱「五胡十六國」。前燕主慕容儁建都龍城（今遼寧朝陽），他於後趙永寧元年（西元350年），率兵攻破薊城。慕容儁於元璽元年（西元352年）即皇帝位，以薊城為國都，以龍城為陪都，但慕容儁於光壽元年（西元357年）薊遷都鄴，薊城作為前燕國都僅六年，是北京史上少數民族初次在北京建都。北魏初年「西北諸郡，盡為戎居。內及京兆、魏郡、弘農往往有之」[2]；北魏末期和東、西魏時，「自蔥嶺以西，至於大秦，百國千城，莫不歡附，商胡販客，日奔塞下，所謂盡天地之區已。樂中國土風，因而宅者，不可勝數」[3]，北魏的中心洛陽甚至專設四夷館以接待四方附化之人。由此可見，胡族向中原地區的遷移是持續不斷的，分布的地區亦越來越廣。魏晉南北朝時少數民族的內遷，表現在東北的契丹、庫莫奚、北部的鮮卑等民族由遼東經遼西、幽薊、中山至襄國、鄴城等地，北京同樣也是在胡人遷入的區域之內。這一地區成為漢族、突厥、契丹、奚、靺鞨、室韋、高麗、回紇、吐谷渾等各族人民生活和勞作的地方。

在少數民族不斷進入北京地區的同時，中原居民也遷徙而來。西晉末年，石勒起兵，河北人口四散流移，或避居青、齊，或過江南徙，或往依并州劉琨，或流落

1　房玄齡：《晉書》卷六二《劉琨傳》，中華書局，1974年。

2　司馬光：《通鑑》卷八一《太康元年引郭欽上疏》，中華書局，1956年。

3　楊炫之：《洛陽伽（qié）藍記》卷三《城南》，中華書局，2006年。

木鳥獸蟲魚疏》說：「五方皆有栗，周秦吳揚特饒，……唯漁陽、范陽栗甜美長味。他方者恐悉不及。」；盧毓《冀州論》也稱：「中山好栗，地產不為無珍」。

第九，魏晉南北朝的北京是世族政治時期，和其他地方一樣，名門豪族眾多。「北魏時，幽州的世家大族主要有范陽（治今河北涿州市）盧氏、祖氏，上谷（治今河北懷來大古城）侯氏、寇氏，燕國（治今北京）劉氏，北平無終（治今天津薊縣）陽氏。」[1]其他還有北魏時久居薊城的梁祚、深研經籍的薊人平恆、密雲丁零人鮮于靈馥、魏涿郡人盧毓、晉涿郡人盧欽等等。豪族「累世同居」，提供了廚房經驗家族傳承的條件，形成了北京最初的家族菜，並成為飲食文化傳統，這是日後北京烹飪發達的又一極為重要的原因。俗話所謂「三輩學穿，五輩學吃」說出了這一道理。例如今存最早的菜譜——虞宗的《食珍錄》就是家族秘傳的記錄。據《南齊書‧虞宗傳》載，武帝嘗求諸飲食方，宗秘不出，後來皇帝因醉酒而患病，他才獻出「醒酒鯖鮓」一方。謝諷所著《食經》，記述南北朝、隋代北方貴族飲饌，載食品名目約50種。其中有膾、羹、餅、糕、卷、炙、麵，包括以動物原料為主製成的菜餚，如「飛鸞膾」「剔縷雞」「剪雲研魚羹」等。從有的菜名前冠以人名來看，如「北齊武成王生羊膾」「越國公碎金飯」「虞公斷醒」「永加王烙羊」「成美公藏」「含春侯新治月華飯」等，可知所記都是王侯貴族的飲饌。儘管《食經》所記飲饌並非僅限於北京，但也從一個側面說明了北京貴族飲食文化的興起。

第三節　隋唐時期的飲食文化

一、飲食文化發展相對滯後

總體而言，隋唐是中國飲食文化發展的繁榮時期，幽州飲食文化也處於平穩的

1　於德源：《北京農業經濟史》，京華出版社，1998年，第112頁。

過渡期間。相對於中原發達地區，幽州地區飲食文化相對滯後而又沒有得到應有記錄的原因是多方面的。

戰爭是造成燕飲食文化相對滯後的一個重要因素。隋唐五代時期，中原王朝許多重要的軍事活動都與幽州直接相關。安史之亂禍始肇於幽州，戰爭持續了八年之久（西元755-763年），社會動盪；隋唐征伐高麗主要以幽州為後方供給和作為軍隊修整基地；幽州也在中原王朝抵禦北方突厥、契丹等少數民族入侵中發揮了至關重要的作用。因此，在這一歷史時期，發生在幽州地區的戰爭和軍事活動極其頻繁，影響深遠。燕地處於華北中北部，是農耕方式與北方草原游牧方式的中間過渡地帶。這裡是兩種生產方式碰撞最為激烈的前沿地區，而戰爭是碰撞的重要途徑之一。

其中，安史之亂給唐王朝造成的深刻影響是多方面的。首先，「給北方人民帶來了空前的災難。叛軍所到之處「焚人室廬，掠人玉帛，壯者死刀鋒，弱者填溝壑」，社會經濟遭到空前破壞，薊城同樣也遭到一場浩劫。」[1]處於戰爭中和前線的城市經濟發展必然滯後，是不宜居住的地方，從而引起了北方人口的大規模南遷，安史之亂的八年期間，幽州人口（包括此前遷入的各少數民族）大量外流，而北方後起民族繼續流入幽州，並在唐後期興起一個次高潮。這場大規模的人口流動，對於幽州的人口構成、商業、風俗演變以及幽州與中央及其他地區的關係都產生了不同程度的影響，使幽州的飲食文化不能在穩定的環境中獲得發展。若將視角再拉長一些，唐代幽州地區的人口流動與之前的世家大族的南遷、開元天寶年間東北民族的南下，以及唐末五代以後幽州當地人口的逐步南移，共同構成了一個相對完整的遷徙序列，促進了全國政治重心南移這一過程的實現。[2]

1　安作章主編：《中國運河文化史》上冊，山東教育出版社，2001年，第448頁。

2　寧欣、李鳳先：《試析唐代以幽州為中心地區人口流動》，《河南師範大學學報》，2003年第3期。

二、運河促進商業、農業的發展

隋朝大運河的開鑿也是為了軍事目的。為了一洗隋文帝東征高句麗兵敗之恥，隋煬帝在開通濟渠、邗溝之後，於大業四年（西元608年），又調發了軍民百餘萬進一步開鑿永濟渠。引沁水入永濟，南達於河，北通涿郡，全長兩千餘裡，成為隋煬帝運糧、運兵及其他物資運輸的大動脈。煬帝時曾三次用兵，都以涿郡為基地，集結兵馬、軍器、糧儲，此時的薊城成為軍糧等物資的集結之地和進攻遼東的大本營，南方的軍糧均由運河源源不斷地運到涿郡。

唐貞觀十八年（西元644年）唐太宗東征高麗，亦從南方糧食的豐產區調運大批軍糧到薊城港糧庫。《資治通鑑》載：「上（指唐太宗）將征高麗……敕將作大監（官名）閻立德等詣洪、饒、江三州，造船四百艘以載軍糧。」唐代的糧食販運已經打破了先前「千里不販糴」的局面，糧食成為了普通的大宗轉運商品，通過運河和海上源源北上，並形成了長途流通販運的很大規模。[1] 在上述商業背景下，唐代前期的幽州市場上即存在大量的外地米，杜甫著有《後出塞》《昔游》等詩，都說明江南的稻米、布帛，經過海上運輸來到了北方幽、燕地區，是幽州地區重要的米源地。杜甫《後出塞五首》中曰：「漁陽豪俠地，擊鼓吹笙竽。雲帆轉遼海，粳稻來東吳。」《昔游》中曰：「吳門轉粟帛，泛海凌蓬萊」。在杜甫眼中，幽州市場上的粳稻儘是東吳所來，表明了幽州市場上的東吳米數量之大。[2] 米市的繁榮並沒有直接帶來飲食文化的發達，因為這些外來的糧食主要用於軍事，但運河便利了南北貨物的流通與交流是毋庸置疑的事實。

幽州作為唐代北方最為重要的商貿中心，主要和塞外進行貿易往來。商貿交易促生了各種商業行會和集市的建立。《房山雲居寺石經題記彙編》收集的《大般若波羅密石經》題記載，「大唐幽州薊縣界薊北坊檀州街西店……」。說明幽州城中

1　劉玉峰：《唐代商品性農業的發展和農產品的商品化》，《思想戰線》，2004年第2期。
2　顧乃武：《唐代後期藩鎮的經濟行為對地方商業的影響——對幽州地區米行與紡織品行的個案考察》，《中國社會經濟史研究》，2007年第4期，第8頁。

檀州街一帶已設有商鋪，並一直延續到遼代仍稱為檀州街。又載「幽州薊縣界市東門外兩店」，這表明當時的商鋪已擴至到幽州市門外。安史之亂前幽州城內有白米行、屠行、油行、五熟行、果子行、炭行、生鐵行、磨行、絲帛行等，「行」是當時經營同類行業的組織，可見當時幽州商業和手工業之盛。[1]這些行業經營著食品、金屬用具、日用品、紡織品、燃料品的交易，幾乎囊括居民生活的各個方面。此外，這裡還設立了「胡市」，大批的「胡商」在這裡與各族民眾平等交易。南方大量的稻米、茶葉、布帛也通過運河、陸路、海運源源不斷地運到幽州。

位於運河北段的永濟渠引沁水入永濟，增加了永濟渠的水量，便利了交通運輸，同時也有利於農田灌溉和土壤改造，極大地促進了沿河地區農業的發展。唐代河北地區有三個主要的水稻產區，即以鄴縣為中心的漳水流域（河北南部）、以定州為中心的河北中部，以及以幽、涿為中心的河北北部。[2]唐朝時充分利用魏晉興修的水利工程大量開墾土地，在盧溝河附近栽培水稻，擴大水田面積，並設常平倉儲積糧食，用於荒年賑濟和作種子。「唐代幽、媯、檀三州地區農作物種類，主要是粟、小麥、水稻、胡麻、豌豆、大麥、穬麥、蕎麥等。」[3]唐朝後期，媯州（今官廳水庫北岸、延慶一帶）及北邊七鎮（在今平谷、密雲一帶）成為主要產糧區。涿州（今涿州）盛產上好的貢品板栗。城內有果子行，專門出售乾鮮果品。薊城附近與密雲一帶還產土貢人參和麝香，這些都得益於運河營造了良好的農業生產環境。幽州作為當時北方的軍事重鎮、交通中心和商業都會，商業繁榮，稱為「幽州市」。同時，也大大促進該地區飲食文化的發展。尤其是運河將飲食文化發達的江淮地區與幽州連接起來，兩種不同風格的飲食文化從此有了交合的機遇和條件。

1　曾毅公：《北京石刻中所保存的重要史料》，《文物》，1959年第9期。

2　寧志新：《漢唐時期河北地區的水稻生產》，《中國經濟史研究》，2002年第4期。

3　曹子西主編：《北京通史》第二卷，中國書店，1994年，第256頁。

三、民風的胡化

飲食的胡化首先在於漢族人群的「胡化」。唐初東突厥瓦解後，唐朝便把突厥降眾安置在「東自幽州，西至靈州」[1]的朔方之地，幽州遂成為聚合各民族內遷的一個重要地方，幽州城成為民族雜居融合的城市。[2]突厥、奚、契丹、靺鞨、室韋、新羅等數個民族構成僑治蕃州，約占幽州漢蕃總數的三分之一，而加上活躍於此地的少數民族，遠遠超過這個比例。唐朝廷在安置內遷胡族時，雖允其聚居，但卻不是舉族而居，往往分割為若干個小聚落，與漢族交錯雜居。唐陳鴻祖《東城老父傳》說：「今北胡與京師雜處，娶妻生子，長安中少年有胡心矣。」[3]有胡人子胤又從而萌發「胡心」，說明胡化程度已很深入。此一點，幽州之地較之人物薈萃的長安應不相上下。劉昫就在《舊唐書》中評價：「彼幽州者，列九圍之一，地方千里而遙，其民剛強，厥田沃壤。遠則慕田光、荊卿之義，近則染祿山、思明之風。」而唐代高適也寫下過「幽州多騎射，結髮重橫行」的詩句。當代著名學者陳寅恪稱燕趙之地是「胡化深而漢化淺」。

這些游牧民族給幽州帶來了大量的牲畜及先進的飼養技術，極大地促進了幽州牲畜品種的改良，提高了這一地區牛馬羊等牲畜的生產水平，使得幽州人的餐桌上肉類比重大大增加。可以想見，當時燕地的飲食已經是相當胡化，其程度之深較之其他都市為甚。唐朝上流社會出現了一股胡化風潮，王公貴族爭相穿胡服、學胡語、吃胡食，並以此為尚。上行下效，很快流行民間。開元年間，胡化風潮達到極點。故五代人劉昫所著《舊唐書》說：「開元來，婦人例著線鞋，取輕妙便於事，待兒乃著履。臧獲賤伍者皆服襴衫。太常樂尚胡曲，貴人御饌，盡供胡食，士女皆競衣胡服，故有范陽羯胡之亂，兆於好尚遠矣。」胡食成為大家普遍接受的風味。

1　司馬光：《資治通鑑》卷一九三，中華書局，1956年。

2　勞允興、常潤華：《唐貞觀時期幽州城的發展》，《北京社會科學》，1986年創刊號，第115-116頁。

3　陳世熙編：《唐代叢書》卷一二《東城父老傳》頁十二，清乾隆年間刻本。

第五章　遼金時期

遼時的北京稱燕京，又稱南京（今北京西南），是遼國的陪都。燕京的建立對遼國的生存與發展十分重要。如果說，遼南京揭開了北京首都地位的序幕的話，那麼，金中都則是北京首都地位發展的真正開端。遼南京燕國當時還只是一個封國，不能稱其為全國性政權，而遼的陪都有很多，北京只是其中的一個。只有到了金，北京才開始真正成為一個政治中心。儘管金中都僅存在了60餘年，卻成為北京建都史上的一個里程碑。正是遼金時代確立了燕京都城的地位，燕京的飲食文化才開始真正得到史學家們的關注和書寫。當然，更主要的是，燕京飲食文化開始真正步入都市化發展階段，可以和其他都市相提並論了。飲食習俗的變化與城市的繁榮密不可分，只有商品經濟發展的果實——城市的壯大，才使享廚爨（cuàn）以撕毛血成為現實。

第一節　飲食生產狀況

一、遼南京和金中都的建立

天祐四年（西元907年），唐王朝滅亡。同年，遼太祖耶律阿保機即位，成為契丹民族歷史上的第一個皇帝，首府在臨潢（今內蒙古巴林左旗）。隨後，契丹吞併了以現今北京、大同為雙中心的幽燕十六州後，設幽州為陪都，取名南京（因幽州地處遼所轄疆域的南部，故名），又稱燕京。以檀、順、涿、易等六州十一縣為析津府，所轄行政區域為「總京五，府六，州、軍、城百五十有六，縣二百有九。」[1]並於西元九四七年改國號為遼。據《遼史·地理志四》載：「南京析津府，本古冀州之地。高陽氏謂之幽陵，陶唐曰幽都，有虞析為幽州。商並幽於冀。周分並為幽。」其中又載：「南京，又曰燕京。城方三十六里，崇三丈，衡廣一丈五尺。敵

1　脫脫等：《遼史》卷三七《地理志》，中華書局，1974年。

樓、戰櫓具。八門：東曰安東、迎春，南曰開陽、丹鳳，西曰顯西、清晉，北曰通天、拱辰。大內在西南隅。皇城內有景宗、聖宗御容殿二，東曰宣和，南曰大內。內門曰宣教，改元和；外三門曰南端、左掖、右掖。左掖改萬春，右掖改千秋。門有樓閣，球場在其南，東為永平館。皇城西門曰顯西，設而不開；北曰子北。西城巔有涼殿，東北隅有燕角樓。坊市、廨（xiè）舍，寺觀。蓋不勝書。」

《契丹國志》卷之二十二載：「自晉割棄，建為南京，又為燕京析津府，戶口三十萬。大內壯麗，城北有市，陸海百貨，聚於其中：僧居佛寺，冠於北方。錦繡組綺，精絕天下。膏腴蔬蓏（luǒ）、果實、稻粱之類，靡不畢出，而桑、柘、麻、麥、羊、豕、雉、兔，不問可知。水甘土厚，人多技藝。」由於遼南京人才薈萃，經濟貿易水平遠高於契丹本部，便使之成為遼在華北的政治中心。在北京的發展史上，遼代的南京是一個重要階段。正是從這時開始，北京從一個北方軍事重鎮向政治、文化城市轉變，並開始向全國政治中心過渡。「遼國以今北京為南京析津府，金國以之為燕京，說明當時的政治重心已從唐後期的河朔三鎮、靈武、五代時的太原，重新轉移至北京以及北京以北一帶。」[1]南京是遼代人口最多的地區，計有二十四點七萬戶，人口約有一百多萬。南京城郊人口約三十萬。從其民族成分來看有漢、契丹、奚、渤海、室韋、女真等，但仍以漢族為主，契丹人次之。

西元一一一五年，生活在松花江流域的女真族首領完顏阿骨打統一各部建大金國，定都會寧（今黑龍江阿城）。貞元元年（西元1153年），海陵王完顏亮下詔將金朝國都自會寧府遷至燕京，初名「聖都」，不久改稱「中都」。海陵王認為「燕乃列國之名，不當為京師號，遂改為中都。」[2]原遼朝「析津府」改名為「大興府」。海陵王以一萬四千人的儀仗隊，浩浩蕩蕩地進入中都，儼然漢家天子，表明他進一步接受了漢文化。完顏亮遷都後，確立了五京名號，即中都大興府（今北京）、東京遼陽府（今遼寧遼陽）、南京開封府（今河南開封）、西京大同府（今山西大同）、

1　張京華：《燕趙文化》，遼寧教育出版社，1995年，第75頁。
2　脫脫等：《金史》卷二四《地理志上》，中華書局，1975年，第572頁。

北京大定府（今內蒙古寧城西）。「中都」之名即取五京當中之意，即金王朝的政治中心。金世宗時，監察御史梁襄說：「燕都地處雄要，北倚山險，南壓區復……亡遼雖小，止以得燕故能控制南北，坐致宋幣。燕蓋京都之首選也。」[1]這說明了金人對燕都形勝的認識。

海陵王遷都中都促進了中都人口的增加、經濟的發展和民族的融合。就在金朝遷都不久，金代兩朝首相張浩向海陵王提出了一個重要建議：「請凡四方之民欲居中都者，給復十年，以實京師。」[2]即採取優惠措施，鼓勵全國各地人民遷入首都地區。結果使中都地區的人口迅速增加，幾年之後「殆逾於百萬」，成為一座人口超過百萬的古代城市。從此之後，中都地區飲食文化得到比較迅速的發展。

二、重視農業生產的發展

遼金時期的北京地區經過歷朝歷代的農業和水利經營，土地肥沃，水源充沛，這一時期，農業生產有了長足的發展。

「幽燕之分，列郡有四，薊門為上，地方千里……紅稻青秔，實魚鹽之沃壤。」[3]《遼史·食貨志》首節概述了契丹國的經濟發展歷史。翔實地記敘了契丹原始時期游牧經濟的狀態，「契丹舊俗，其富以馬，其強以兵。……馬逐水草，人仰潼酪，挽強射生，以給日用。糧糧芻茭，道在是矣。」遼域疆土，東至鴨綠江以東和鄰國高麗接壤，東北越過黑龍江外興安嶺直到海上，北邊包括了現在國境線迤北很大一部分疆土，西經山西北部至陝西，和當時的西夏相鄰，南以白溝（今河北省拒馬河南支，向東沿塘濼從滄州以北至海）界河、恆山分脊與北宋接壤。在所有遼境內，地處太行山東麓的南京道應該是最適宜農耕生產的區域之一。遼人稱讚云：「燕都

1　脫脫等：《金史·梁襄傳》，中華書局，1975年。

2　脫脫等：《金史》卷八三《張浩傳》，中華書局，1975年，第1863頁。

3　陳述：《全遼文》卷五《佑唐寺創建講堂碑》，中華書局，1982年。

出，而桑柘麻麥、羊豕雉兔，不問可知。」[1]農、畜業產品，可以滿足轄區內需求，自給自足，在沒有自然災害的時候，甚至還有剩餘產品外輸。《遼史・食貨志》說：「遼之農穀至是為盛。」即便遇上自然災害，遼統治者也可以底氣十足地宣稱：「五稼不登，開帑藏而代民稅螟蝗為災，罷徭役以恤飢貧。」女真人延續了遼南京飲食多樣性的特點，食用的糧食有粟、麥、黍、稷、稻、粱、菽、糜和蕎麥等。家畜、家禽和獵物有豬、雞、羊、犬、馬、牛、驢、鹿、兔、狼、熊、獐、狐狸、麂、麕、鵝、鴨、雁、魚、蝦蟆等。蔬菜有蔥、韭、蒜、長瓜、芹、筍、蔓菁、葵、回鶻豆和野生植物芍藥花等。這一兼具農業和畜牧業，外加狩獵的生產方式，為烹飪風味的多樣性提供了豐富的食物資源，飲食文化的發展具備了十分優越的條件。

四、捺缽制度中的皇室飲食

《詩經・小雅・北山》云：「普天之下，莫非王土。率土之濱，莫非王臣。」在封建王朝統治的社會中，國家就是帝王的家天下。因此，帝王擁有最大的物質享受。他們可以在全國範圍內役使天下名廚，集聚天下美味。作為統治集團，他們又常常受到等級制度和倫理觀念的制約，有著一整套體現等級觀念的飲食禮儀。宮廷飲食是特定環境下畸形膨脹的一種飲食生活，代表了當時最高的飲食文化水平，也引領著飲食文化的發展方向。

北京宮廷飲食起始於遼代。遼代宮廷飲食帶有強烈的女真民族的色彩，飲食活動多在重大儀式場合展開。以正旦朝賀儀為例，據《遼史・禮志六》卷五十三記載：儀式進入宣宴程序後，便是一進酒，兩廊從人拜，稱「萬歲」，各就坐。親王進酒，如果太后手賜親王酒，親王要跪飲喝完。殿上三進酒，行餅、茶。教坊人員跪，並致語，請大臣大使、副使、廊下從人立，讀口號詩畢，然後行茶，行肴膳。以後是大饌入，行粥碗，殿上七進酒樂曲終。使相、臣僚在座，揖廊下從人起，稱

1　葉隆禮：《契丹國志》卷二十二《四京本末・南京》，上海古籍出版社，**1985**年。

「萬歲」，從兩門出。然後是揖臣僚、使副起，稱「萬歲」，下殿。最後要舞蹈，五拜，出洞門，禮儀結束。儘管遼代宮廷飲食場面比較浩大，但由於契丹皇帝並不經常住在五京宮殿內，而是始終保持其游牧民族騎射、漁獵的習俗，過著四時捺缽的生活，這就大大影響了宮廷飲食的水平和質量。在捺缽地，契丹皇帝便居住在帳篷中，契丹皇帝四時捺缽的地點便是行宮之所在。捺缽分春、夏、秋、冬四時。入遼的宋使有時候便在捺缽行宮受到契丹皇帝的隆重接見。遼代的皇帝經常在春秋季節出外遊獵，每到這個時候都會進住南京城，但只在大內作短暫停留。另外，遼南京作為陪都，僅為遼五京之一，不具有獨尊的皇城地位。由於南京宮廷地位不是至高無上的，且帝王又不是常住，南京宮廷飲食體系自然還沒有完全建立起來，所以宮廷飲食的特點並不突出。

金代帝王十分重視節令，據《大金集禮》卷三二所載，元旦、上元（元夕）、中和、立春、春分、上巳、寒食、清明、立夏、四月八日（佛誕日）、端午、三伏、立秋、七夕、中元、中秋、重陽、下元、立冬、冬至、除夕等，都是金朝官方承認的節日。「金朝是以女真人為統治民族，以漢人為多數的政治實體，在長期的共同生活中，女真人所接受的漢族節日文化越來越多。」[1]在皇宮裡慶賀這些節日，宴飲是必不可少的。金中都皇宮在飲食方面非常排場，皇家設立了御膳房、御茶膳房、壽膳房、外膳房、內膳房、皇子飯房、侍衛飯房等機構，而這些機構中的工作人員已達千人左右。皇帝每頓飯要上幾十個精細的菜，為了這一頓飯最少要有上百人在忙活。金代皇帝常在慶和殿設宴，皇太子允恭長女鄴國公主下嫁烏古論誼時，「賜宴慶和殿」[2]；世宗第十四女下嫁紇石烈克寧之子諸神奴時，「宴百官於慶和殿」[3]。皇太孫完顏璟之子洪裕降生，世宗喜甚，「滿三月，宴於慶和殿」[4]。由以上觀之，慶和殿，又是金朝皇室喜慶之日宴飲之所。

1　柯大課：《中國宋遼金夏習俗史》，人民出版社，1994年，第185頁。
2　脫脫等：《金史》卷六九《太祖諸子傳》，中華書局，1975年。
3　脫脫等：《金史》卷八七《紇石烈克寧傳》，中華書局，1975年。
4　脫脫等：《金史》卷九三《章宗諸子傳》，中華書局，1975年。

然而，金中都的宮廷飲食文化依然存在侷限性。一是捺缽制度的持續影響。金代的捺缽，其重要性雖不及遼代，但也是有金一代宮廷飲食方面一個不容忽視的問題，它表現了女真社會飲食方式和飲食追求的某些特質。金朝諸帝一年之中往往有半年以上的時間不住在都城裡，金朝皇帝的春水秋山，動輒歷時數月，在此期間，國家權力機構便隨同皇帝轉移到行宮。故每當皇帝出行時，自左右丞相以下的朝廷百官大都要扈從前往。這一帶有游牧性質的宮廷飲食顯然不能得到充分展示。二是金代女真人固有的飲食文化遠遠落後於宋代的水平，其飲食無論就製作還是就享用來說，都談不上精細和雅緻。《大金國志》卷三十九把金人的飲食習俗描述得很糟糕：飲食甚鄙陋，以豆為漿，又嗜半生米飯，漬以生狗血及蒜之屬，和而食之。嗜酒，好殺。金代飲酒之風非常盛行。史書記載，金景祖嗜酒好色，飲啖過人；金世祖曾經趁醉騎驢入室，金熙宗嘗與近臣通宵達旦地飲酒，因酗酒還影響了朝政。豪飲大概是金中都宮廷飲食的最大特點。

第二節　多民族雜居的飲食文化

一、民族風味的多樣化

　　歷史上的幽州薊城曾頻繁為少數民族所占據，到了遼金時期，北京成為多民族聚居交融之地。遼代的漢人和契丹人多依照傳統習慣在本民族內通婚，但為了拉近與漢人上層的距離，遼朝統治階層也經常推動契漢間的聯姻。會同三年（西元940年）十二月，太宗下詔：「契丹人授漢官者從漢儀，聽與漢人婚姻。」[1]在此前後契丹人和漢人上層之間的婚姻屢見不鮮。金朝建都北京以後，為了鞏固統治，將大批女真猛安謀克戶遷往中原及中都。金熙宗皇統初，創立屯田軍制，「凡女真、奚、

---

[1]　脫脫等：《遼史・太宗紀》，中華書局，1974年。

契丹之人，皆自本部徙居中州，與百姓雜處……凡屯田之所，自燕之南，淮隴之北，俱有之，多至五六萬人，皆築壘於村落間」。[1]在金朝，漢族婦女嫁女真人的有之，女真婦女嫁漢人的亦有之。不少生於中原的女真人，「父雖虜種（女真人），母實華人（漢人）……非復昔日女真」[2]。漢族與少數民族的血液在不斷融合，使得燕京居民成為多民族結合的結晶。「北京人」的這一種性高度綜合的狀況，從根源上確定了北京飲食文化的兼容並蓄的民族屬性。

趨同存異，是多民族雜居的飲食文化表徵。從民族成分看，這個地區以漢族為主，但也有不少的少數民族，其中，主要是契丹人，此外還有奚人、渤海人、室韋人、女真人等。流動人口較多，其中，很大一部分是士兵。宋人路振在《乘軺錄》中記載：南京「渤海兵別為營，即遼東之卒也。屯幽州者數千人，並隸元帥府。」[3]至於契丹軍隊則更多。「燕京境內的居民，大體上有三個階層。屬於最上層的是皇帝、貴族、豪門和各種大官僚；中間是一般的文人、武士和官吏；最下層是廣大勞動人民。其中，漢人多以手工、經商、技藝為業；少數民族大多是士兵。」[4]各民族居民分工不同，社會地位有所差異，按民族成分便構成了一個個相對穩定的職業群體，這些職業群體在飲食方面都承繼了本民族的傳統風味。

經過遼金兩個朝代的民族融合，北京形成了獨特的人口和社會結構，為這個地區的飲食文化帶來了不同於中原都城的特殊性。女真族的傳統食品進入到京城人的飲食結構當中，女真人偏愛的羊、鹿、兔、狼、麂、獐、狐狸、牛、驢、犬、馬、鵝、雁、魚、鴨、蝦蟆等肉品，以及助食食品麵醬，同樣為京城漢族人所喜食。七朝重臣許有壬在《至正集》卷三二中云：「京城食物之豐，北臘西釀，東腥西鮮，凡絕域異味，求無不獲。」據《燕京風俗志載》：「北京地方風味小吃豆汁，乃是與

1　宇文懋昭：《大金國志》卷三十六《屯田》，中華書局，1986年。
2　黃淮、楊士奇：《歷代名臣奏議》卷二三四蔡勘《論和戰》，臺灣商務印書館，1986年。
3　曹子西主編：《北京通史》第三卷，中華書局，1994年，第33頁。
4　曹子西主編：《北京通史》第三卷，中華書局，1994年，第331頁。

北宋同期的北方遼國的民間小吃，經數百年的發展演變而來。」還有北京地區的果脯也是由契丹民族的小吃發展而來的。《契丹國志》卷二十一《契丹賀宋朝生日禮物》有「蜜漬山果十束䋲」，「蜜漬」即是用蜜「浸漬」，然後曬乾製成果脯，是保存水果的好辦法。京城食物之豐得益於這一多民族雜居、融合的人口格局，使得有遼金乃至後來的北京飲食文化呈現出與其他大都市迥然有別的地方和民族特色。

遼金之際，各民族的達官顯貴雲居燕京，他們對飲食的奢華需求，帶動了飲食業的興旺。中都城內的著名酒樓有崇義樓、縣角樓、攬霧樓、遇仙樓、狀元樓、長生樓、梳洗樓、應天樓、披云樓等。[1]這些風味各異的酒樓滿足了不同民族人群的口味。

二、民族飲食文化的堅守

在各民族飲食融合的過程中，保持本民族的飲食傳統同樣是一種顯著的飲食文化現象。這表現為民族飲食追求上的文化自覺和自信。

漢族吸收了諸多北方兄弟民族的飲食習俗，而根本上還是延續了自身已有的飲食傳統。在交通運輸還不便利的情況下，食物主要是自產自銷。當地物產有力地支撐著幽燕人的飲食秉性。尤其是那些適宜於本地氣候和地理環境生長起來的農作物和土特果實，更是確立了遼京飲食品種獨特的地域性，奠定了幽燕地區飲食文化的基調。

契丹人的飲食習慣和漢族不同，他們以肉類和乳製品為主，輔之以糧食、蔬菜、水果等，而遼南京的漢族人則保持著「吃草」民族的本性。遼南京的傳統農產品比較豐富，宋使許亢宗出使金國，稱讚該地所盛產的「膏腴蔬蓏、果實、稻粱之類，靡不畢出，而桑、柘、麻、麥、羊、豕、雉兔，不問可知」[2]。唐代，包括北

1　熊夢祥：《析津志輯佚·古蹟》，北京古籍出版社，1983年。

2　許亢宗：《宣和乙巳奉使行程錄》。

京平谷在內的薊州（治今天津薊縣）和包括北京房山南部在內的涿州（治今河北涿州市）屬於糧食主產區。入遼之後，這種狀況沿襲了下來。《全遼文》記載：「幽燕之分，列郡有四，薊門為上，地方千里……紅稻青秔，實魚鹽之沃壤。」「燕都之有五郡，民最饒者，涿郡首焉。」幽燕地區素有棗、栗之饒，此期尤甚。范成大《良鄉》詩云：「新寒凍指似排簽，村酒雖酸未可嫌。紫爛山梨紅皺棗，總輸易栗十分甜。」[1]據乾隆年間的《日下舊聞考》記載：「遼於南京（今北京）置栗園司，蕭罕嘉努為右通造典南京栗園，是也。」「蘇秦謂燕民雖不耕作，而足於栗棗。唐時范陽以為土貢，今燕京市肆及秋，則以餳拌雜石子爆之。栗比南中差小，而味頗甘，以御栗名，正不以大為貴也。」遼南京設置有「南京栗園司，典南京栗園」，栗園需要專門的部門進行管理，可見當時北京板栗生產的規模已經很大了。金文學家趙秉文寫詩描述道：「漁陽上谷晚風寒，秋入霜林栗玉干。」[2]燕山的板栗、紅棗，自遼代就已成為御用之品，以其個小、甘甜著名。這些地方物產源遠流長，是幽燕地區飲食文化的典型代表，並沒有因為朝代的更迭而消殞。

遼朝以國制治契丹，以漢制待漢人。契丹雖然是統治者，但並沒有強迫其他民族改變原有的飲食習慣。遼代南京的漢民族仍以糧食和蔬菜為主，只是肉食比重較之中原地區更大些。反過來，契丹民族在吸收漢人飲食元素的同時，也一直保持著本民族的飲食特點。幽燕境內的多民族因為生產和生活方式的不同，各有自己獨特的飲食習俗。遼京時期的少數民族仍過著牛馬車帳的游牧生活，「契丹故俗，便於鞍馬。隨水草遷徙，則有氈車，任載有大車，婦人乘馬，亦有小車，貴富者加之華飾」[3]。「雖然契丹人很早就注意發展農業，並以糧食充軍食，中京和上京亦種植蔬菜，但對大多數契丹人來說，乳品和肉食仍是主要食品，即使居住在漢族地區的契丹人也不例外。」[4]契丹人的食物以乳類和肉食為主，除家畜牛、羊外，野豬、麅、

1　范成大：《范石湖集》卷一二，上海古籍出版社，2006年。

2　趙秉文：《閑閑老人滏水文集》卷七，商務印書館，1936年。

3　脫脫等：《遼史‧儀衛志》，中華書局，1974年。

4　曹子西主編：《北京通史》第三卷，中華書局，1994年，第344頁。

鹿、兔、鵝、雁、魚等獵獲物也是食物來源。肉類可煮成濡（rú）肉，也可製成臘肉。牛、羊乳和乳製品是他們的食物和飲料，即所謂「湩酪胡中百品珍」和「酪漿羶酒」。食肉的方法主要是燉食和燒烤兩種。其吃法並不精細，粗獷而豪放，充滿游牧之風。燉食，是把分解了的連骨肉塊放入鍋中燉熟。將宰殺的牲畜或獵獲的野獸放血、剝皮，去掉內臟後，整個或砍成幾大塊，放入大鐵鍋內，加水烹煮。煮熟後，放大盤內，用刀切割成小薄片，再蘸以各種作料，如蒜泥、蔥絲、韭末及醬、鹽、醋等食用。燒烤，則是把肉塊放在火爐的鐵算或鐵條上烘烤，到肉烘烤熟後，誘人的香味便在空氣中瀰漫開來，使人饞涎欲滴。契丹宰殺牲畜或獵獲野味後，為了長期食用，將其醃製以後用煙火熏乾製成臘肉，此為契丹著名的風味小吃，是送往迎來的必備佳品。契丹肉食還有濡肉、肉糜等，宋人路振奉使契丹，他在《乘軺錄》中描述途經幽州受招待的情況時說：契丹官員曾用熊、羊、雉、兔做濡肉招待他，「以駙馬都尉蕭寧侑宴，文木器盛膚食，先薦駱糜，用杓而啖焉。熊肪羊豚雉兔之肉為濡肉，牛鹿雁鶩熊貉之肉為臘肉，割之令方正，雜置大盤中。二胡雛衣鮮潔衣，持帨巾，執刀匕，遍割諸肉，以啖漢使。」他們還有食生肉之俗，史載：在九月九重陽這一天，契丹皇帝打獵歸來後，「於地高處卓帳，與番漢臣登高，飲菊花酒。出兔肝切生，以鹿舌醬拌食之北呼此節為「必裡遲離」漢人譯云「九月九日也」。」[1]這種大塊吃肉且生吃豪飲的風味及方式僅在幽燕地區的契丹和原本為游牧民族的人群中流行，並沒有真正進入遼南京漢族家庭的餐桌。

金中都的少數民族在大量吸收漢族飲食風味的同時，也保留了本民族的飲食習慣和食物樣式。

茶食、肉盤子、心血髒羹等是富有女真特色的風味飲食，蒜、蔥等也是女真人非常喜歡的調味食品。女真人較為貴重、精緻的飲食品種有這樣一些：

軟脂，據說「如中國寒具」。

茶食，這是一種蜜糕，把松籽仁、胡桃仁漬蜂蜜，與糯粉揉在一起，做成各

1　葉隆禮：《契丹國志》卷二七《歲時雜記》，上海古籍出版社，1985年。

種形狀，用油炸熟再塗上蜜。金大定二十五年進士趙秉文曾有一首《鬆糕》詩：「膚裁三韓扇，液製中山醪。皮毛剝落盡，流傳到鬆糕。聱龍脱赤鱗，三日浴波濤。玉兔持玉杵，搗此玄霜膏。文章百雜碎，肪澤滋煎熬。殷勤小方餅，裁以鞍畔刀。味甘剖萍實，色殷煎櫻桃。……聊將酥蜜供，調戲引兒曹。多生根塵習，焉求勝珍庵。」[1]據詩中描述，大體與《松漠紀聞》所載蜜糕相似，也許說的是同一種糕點。栗子也可以做栗糕，元《居家必用事類全集》中記載了其製法：「栗子不拘多少，陰乾，去殼，搗為粉。三分之二加糯米粉拌勻，蜜水拌潤，蒸熟食之。」

肉盤子，是女真人舉行盛大宴會的名菜，以極肥豬肉切成大片，裝成一小盤，插上青蔥三數莖。

潛羊，是連皮做成的全羊，富貴人家用以招待貴客。

酒，以糜釀造，度數不高，但多飲亦醉。女真人飲酒不以菜餚為佐，或先食畢而後飲，或先飲畢而後食。飲時也不是人手一杯，而是用一個木杓或杯子循環傳遞，每傳飲一巡謂之「一行」，宴客或二行，或五行、九行，以至「飲酒無算」，然後進食肉飯。此外，其飲料尚有茶、奶茶之類。[2]據洪皓《松漠紀聞》所記，供應宋使的食品有細酒、白麵、細白米、羊肉、粉、醋、鹽、油、麵醬、果子錢等；行納幣禮有大軟脂、小軟脂、蜜糕等。而以芍藥芽煮麵更為新奇：「採其芽為菜，以面煎之。凡待賓齋素則用，其味脆美，可以久留。」南宋官員、詩人朱弁也賦詩盛讚所食「松皮」之獨特。《中州集》載，朱弁詩「偉哉十八公，茲道亦精進。捨身奉刀幾，割體絕嗔恨。鱗皴老龍皮，鳴齒溢芳潤，流膏為伏龜，千歲未須問。」「食之不敢餘，感激在方寸」。其詩序稱「北人以松皮為菜，予初不知味，處侍郎分餉一小把，因飯素，授廚人與園蔬雜進，珍美可喜，因作一詩。」

在上述五種女真人的民族風味中，大概只有除了「茶食」被燕京漢族人部分

1　趙秉文：《閑閑老人滏水文集》卷三，商務印書館，1936年。

2　柯大課：《中國宋遼金夏習俗史》，人民出版社，1994年，第194-195頁。

接納之外，其餘都僅是在女真人內部傳承。飲食成為燕京各民族自我認同的文化標識，成為這一民族飲食文化的表徵。相對以後各朝，遼金時代的燕京飲食文化的民族特性委實明顯，各民族的差異性突出，表明各民族在努力堅守本民族的飲食習慣，同時也是由於燕京各民族的融合還處於初始階段，還沒有實現真正的融合。

三、飲食文化的融合趨勢

在保持各民族飲食特色的同時，飲食文化的融合則是必然的趨勢。「金代女真人進入北京之初還保持著傳統的以肉食為主的飲食習慣，但隨著農業生產的發展，加上與燕京漢民日夕相處，不久即「忘舊風」，主食上與漢民無大區別，無非是粟、黍、稻、稗、麥、稷、菽、蕎麥、糜等。麵食常製成湯餅、饅頭、燒餅、煎餅，米則做成飯或粥食用。」[1]不同民族風味的飲食文化相互補充，相互吸收，這種融合極大地促進了燕京飲食文化的發展。

「遼朝境內漢人、渤海人的飲食，除保留其本身固有的習慣外，也受到契丹習俗的某些影響。奚人的食物中，糧食的比例多於契丹。同時，漢人、渤海人的食品也傳入了契丹。遼朝皇帝過端午節時就有渤海廚師製作的艾糕。」[2]契丹是一個十分善於吸收異族文化成果並加以創造的民族，「凍梨」即為其飲食文化中的代表。契丹種植果樹本是遼時最先向漢人學習的，加以獨特處理後，凍梨卻成為既能長期保存，又別具風味的民族果品，至今在中國北方包括北京仍沿用不廢。《遼史拾遺》亦記載：「余奉使北遼，至松子嶺，舊例互置酒三行，時方窮臘，坐上有上京壓沙梨，冰凍不可食……取冷水浸良久，冰皆外結，已而敲去，梨以融釋。」可見，遼代契丹人食凍梨已很普遍。吸收外來飲食文化之後，契丹的果品有桃、杏、李、葡

1　劉寧波：《歷史上北京人的飲食文化》，《北京社會科學》，1999 年第2 期。
2　李桂芝：《遼金簡史》，福建人民出版社，1996年，第118頁。

萄等，常用蜜漬成「果脯」。《契丹國志》卷二十一《契丹賀宋朝生日禮物》載「蜜漬山果十束櫑」，「蜜漬」即是用蜜「浸漬」，然後曬乾製成果脯，是保存水果的好辦法。

契丹的副食結構中，夏日有西瓜，冬天有風味果品「凍梨」，飲料有乳和酒等。許多食品都是飲食文化不斷引入、交融的結晶。諸如西瓜本為西域的特產，五代時期由回鶻引進，在上京一帶種植。宋使胡嶠在《陷北記》中記載：「遂入平川，多草木，始食西瓜，云契丹破回紇得此種，以牛糞覆棚而種，大如中國冬瓜而味甘」。女真人繼承了契丹人的西瓜播種技術，據南宋使者洪皓在《松漠紀聞》中所述：西瓜形如扁蒲而圓，色及青翠，經歲則變黃，其瓞類甜瓜，味乾脆，中有汁，尤冷。范成大《西瓜園》詩對西瓜出自燕地做了說明：「碧蔓凌霜臥軟沙，年來處處食西瓜。形模濩落淡如水，未可蒲萄苜蓿誇。」詩人在這首詩的題下注曰：「（西瓜）本燕北種，今河南皆種之。」[1]另外，還有葡萄從西域傳入，石榴從中原地區輸入。在契丹給宋代皇帝贈送的禮品中，還有「蜜曬山果」「蜜漬山果」等果品加工品。[2]《契丹國志》卷三《太宗嗣聖皇帝》載，會同十年（西元947年）二月，「述律太后遣使，以其國中酒饌脯果賜帝，賀平晉國」。隨著不斷的交流及融入，京都的果品在不斷豐富。

遼金時期，京都的節日飲食風俗大體相同，只是食品有所差異。金沿襲了遼的節日製度，據《金史·禮志》卷三十五載，「金因遼舊俗，以重五、中元、重九日行拜天之禮」。這些少數民族政權，同樣以漢族節日為依據。據《大金集禮》卷三二所載，元旦、上元（元夕）、中和、立春、春分、上巳、寒食、清明、立夏、四月八日（佛誕日）、端午、三伏、立秋、七夕、中元、中秋、重陽、下元、立冬、冬至、除夕等，都是金朝官方承認的節日，且節日飲食與遼南京基本相同。

1　范成大：《范石湖集》卷一二，上海古籍出版社，2006年。
2　馬利清、張景明：《試析遼代社會經濟發展在文獻、實物中的體現》，《內蒙古大學學報》人文社科版，2000年第2期。

第六章　元朝時期

至元元年（西元1264年）八月，忽必烈下詔改燕京（今北京）為中都，定為陪都。西元一二六七年遷都中都，至元九年（西元1272年），將中都改名為大都，蒙古文稱為「汗八里」（Khanbaliq），意為「大汗之居處」。曾以轅軒為通稱的蒙古族，在整個十三世紀，其軍隊的鐵蹄踏遍了東起黃海西至多瑙河的廣大地區，征服了許多國家，在中國滅金亡宋建立了元朝。

元朝是北京飲食文化飛速發展的時期，強大的蒙古王國將其游牧飲食文化帶入大都，大大拓寬了北京飲食文化的延展空間，將北京飲食文化推向了一個新的時代高度。

第一節　元大都飲食的民族特色

一、多元形態的民族飲食

元是統一的多民族國家，在燕京聚居有漢、蒙、藏、女真、契丹、回回等民族。各民族的飲食習俗不一，呈現出豐富多彩的局面，這是元代大都飲食最有特色的一面。

經契丹、女真等民族入主燕京的歷史積澱，燕京飲食文化已經具有濃厚的民族風味。蒙古族將燕京定為大都以後，這裡飲食文化的民族特色更加鮮明而又斑斕。有元一代，燕京少數民族之眾多，居民結構之複雜，是歷代王朝所不能比擬的。除蒙古軍隊南下、大批蒙古人南遷給北京地區帶來草原文化外，色目人的大量湧入也極大地影響了大都文化。色目人是元代對西域各族人的統稱，也包括當時陸續來到中國的中亞人、西亞人和歐洲人。元代文化受伊斯蘭教、基督教影響頗深，帶有許多西方文化的色彩。元代，元大都居民的成分構成變化最大，既有漠北草原的大批蒙古族民眾南下，又有西域地區的大批色目人東移，還有江南地區的大批「南人」北上，皆彙集到了大都地區。與前者不同的是，在遼金時期，北京地區只是少數民

族割據政權的陪都和首都，而到了元代，這裡開始變成全國的政治和文化中心。

在這個時期，北京地區的風俗有一個共同的特點，也就是少數民族的風俗影響極大，中原漢族民眾往往貶稱其為「胡俗」。[1]「胡食」也是「胡俗」的重要方面。每年秋天，皇帝從上都啟程回大都的那一天，留駐大都的官員們要先後在建德門、麗正門聚會，「設大茶飯，謂之巡城會」，宋末元初的文人陳元靚曾在《事林廣記》「儀禮類」的《大茶飯儀》中記錄了這類官場大飯局的食品，留下了一份當時的食譜：「凡大筵席茶飯⋯⋯若眾官畢集，主人則前進把盞，凡數十回方可獻食。初巡用粉羹，各位一大滿碗，主人以兩手高捧至面前，安在桌上，再又把盞；次巡或魚羹，或雞鵝羊等羹，隨主人意，復如前儀；三巡或灌漿饅頭，或燒麥，用酸羹⋯⋯」由此可以看出，餐桌上所擺放的盡是「胡食」。

較之契丹和女真等民族，執政的蒙古族其游牧經濟的特點更為明顯。他們吃的是牛羊肉、奶製品，喝的是馬、牛、羊乳等，所以南宋使臣彭大雅在他的《黑韃事略箋證》中寫道，蒙古人「其食肉而不粒。獵而得者，曰兔、曰鹿、曰野彘、曰黃鼠、曰頑羊、曰黃羊、曰野馬、曰河源之魚。牧而庖者以羊為常，牛次之，非大宴會不刑馬，火燎者十九，鼎烹者十二三。」[2]元代各民族飲食習俗，同樣都以熟食為主，但做法大不相同。蒙古牧民食物中，「火燎者十九，鼎烹者十二三」，富有特色的「胡食」與燕京漢族烹調食俗大相逕庭。

由於該地區多民族雜居，各民族的口味、風格不同，多元化飲食的格局便成為必然。以主食而言，元大都地區以稻米為主食者也不少。宮廷中作為一般食品的有乞馬粥、湯粥、粱米淡粥、河西米湯粥等。作為食療的粥就更多了，宮廷內外都有，像豬腎粥、良薑粥、蓮子粥、雞頭粥、桃仁粥、麻子粥、蓽撥粥等。麵食見於宮廷的有春盤麵、皂羹麵、山藥麵、掛麵、經帶麵、羊皮麵等。見於民間的麵條主要有水滑麵、托掌麵、紅絲麵、翠縷麵、山藥麵、勾麵等。多樣化的米和麵食可以

1　李寶臣主編：《北京風俗史》，人民出版社，2008年，第276-277頁。

2　王國維撰：《蒙古史料四種校注·黑韃事略箋證》，清華學校研究院刊本，民國十五年（1926年），第6頁。

第六章　■　元朝時期

83

滿足各民族的主食需求。

當時大都人普遍嗜食的「聚八仙」就是用不同民族的食材原料綜合製成的，是多元飲食文化彙集於一體的標誌性菜品。元代佚名所著《居家必用事類全集》記述了「聚八仙」的製作方法：「熟雞為絲，襯腸焯過剪為線，如無熟羊肚針絲。熟蝦肉熟羊肚胘細切，熟羊舌片切。生菜油鹽揉糟，薑絲熟筍絲藕絲香菜芫荽蔟堞內。鱠醋澆。或芥辣或蒜酪皆可。」其中最複雜的是調料中還要套調料，「鱠醋澆」最為典型。鱠醋的原料：「煨蔥四莖、薑二兩、榆仁醬半盞、椒末二錢、一處擂爛、入酸醋內加鹽並糖。拌鱠用之。或減薑半兩，加胡椒一錢。」其中鱠醋裡的那款「榆仁醬」，是另有一套製作方法的。可以看到，「聚八仙」包含了不同民族的食物原料，既有游牧民族喜好的羊肚、羊舌，又有江南農耕民族常吃的竹筍蓮藕，還有北方農耕民族常用的調料蔥薑蒜椒等。多元形態的大都飲食在這款菜品中得到了集中展示，也是當時大都飲食文化多元化的突出顯現。

二、蒙古族的羊肉食品

蒙古族人按照自己的嗜好，以沙漠和草原的特產為原料，製作著自己愛好的菜餚和飲料，他們的主要飲料是馬乳，主要食物是羊肉。蒙古族作為游牧民族，他們吃肉喝奶沒有主、副食之分。在漢民族的意識中，最能代表「胡食」飲食文化的莫過於羊肉食品。元代宮廷燕饗最為隆重的是「整羊宴」。「烤全羊」即是蒙古族肉食品之一。據《元史》記載，十二世紀時蒙古人「掘地為坎以燎肉」。到了元代，蒙古人的肉食方法和飲膳都有了很大改進，《朴通事·柳蒸羊》對烤羊肉作了較詳細的介紹：「元代有柳蒸羊，於地作爐三尺，周圍以火燒，令全通赤，用鐵芭盛羊，上用柳枝蓋覆土封，以熟為度。」這說明不但製作複雜講究，而且用專門的烤爐。這種做法雖說叫「蒸」，但卻不置水，實際上相當於今天的烘全羊。

再有就是「烤全羊」。烤全羊的做法，是把羊宰殺後整理清洗乾淨，將整隻羊入爐微火燻烤，出爐入爐反覆多次，烤熟後，將金黃熟透的整羊放在大漆盤裡，圍

以綵綢，置一木架上，由二人抬著進入餐廳，向來賓獻禮。然後再抬回灶間，廚師手腳利落地解成大塊，端上宴席，蘸著椒鹽食用。全羊席又稱「全羊大筵」（蒙語為「布禾勒」）「元代宮廷御廚對羊肉的烹飪方法很多，其中最負盛名的是「全羊席」，這是元朝宮廷在喜慶宴會和招待尊貴客人時最豐富和最講究的傳統宴席，早已馳名中外。……全羊席是以羊頭至羊尾取料製做的，因取料的不同而採用不同的烹調方法製作，故形味各異，色香有別，獨具一格。」[1]

元代忽思慧在元朝政府管理飲食機構中擔任飲膳太醫，負責宮廷裡的飲食調配工作。所著宮廷食譜《飲膳正要》共三卷，約三萬一千二百餘字。內容大略可分為如下三部分：一是養生避忌，妊娠、乳母食忌，飲酒避忌，四時所宜，五味偏走及食物利害、相反、中毒等食療基礎理論；二是聚珍異饌、諸般湯煎的宮廷飲食譜153種與藥膳方61種，以及所謂神仙服餌方法24則；三為食物本草，計米穀、獸、魚、果、菜、料物等共230餘種。該書為瞭解元大都宮廷飲食提供了不可多得的材料。其卷一《聚珍異饌》，以羊肉為主料和輔料的就有70餘種，約占總數的百分之八十。該書還提供了「食療」方子61種，其中12種與羊肉有關。在《飲膳正要》中，以羊肉為主要原料的品名極多，有炙羊心、炙羊腰、攢羊頭、熬羊胸子、帶花羊頭、羊蜜膏、羊頭燴、羊骨粥、羊脊骨羹、白羊腎羹、羊肉羹、枸杞羊腎羹粥等。《飲膳正要》在所列元代宮廷94種奇珍異饌中，除鯉魚湯、炒狼湯等約20種以外，其他皆用羊肉或羊五臟製成。

元代高麗編寫的漢語教科書《朴通事》和《老乞大》[2]中記載了一些元代大都人的飲食生活，其中關於肉類的記載多為羊肉，如舉辦宴會需要購「二十隻好肥羊，休買母的，都要羯的」。即便是送生日禮物，也要「到羊市裡」「買一個羊腔子」[3]。「羊腔子」指的是經過加工去掉頭和內臟之後的羊身子。由於羊肉

1　姚偉鈞：《玉盤珍饈值萬金——宮廷飲食》，華中理工大學出版社，1994年，第112頁。

2　一般認為，「乞大」即契丹，「老乞大」即老契丹。

3　京城帝國大學法文部：《奎章閣叢書》第八《朴通事諺解》卷上，朝鮮印刷株式會社，1943年，第6頁、第121頁。

需求量大，大都有專門買賣羊肉的「羊市」。富家子弟起床後，「先吃些醒酒湯，或是些點心，然後打餅熬羊肉，或白煮著羊腰節胸子」[1]。羊肉成為筵席和日常生活中必不可少的佳餚。在有元一代的大都城，不論是宮廷還是民間，用羊肉製成肴饌的數量遠遠大於豬肉。這從一個側面說明，輸入燕京的一些蒙古族、回族飲食文化已完全被漢民族所接受，有的還占據了主導地位。較之契丹和女真，蒙古族在飲食文化向南輸出方面更加主動和強勢，這種強勢的重要表徵就是開放性和兼容性。

三、飲食風習的相互影響

蒙古族的這種飲食習慣進入燕京，必然使燕京原有飲食文化發生變化，即進一步在民族文化間碰撞的基礎上相互影響和吸收。很有意思的一個飲食現象就是，有元一代的燕京，已很少有純粹少數民族的食品或不受少數民族影響的漢族食品。民族間的相互滲透影響了當時飲食文化的方方面面。《飲膳正要》中所載錄的食品，絕大多數都是多種民族風味的結合。譬如，雞頭粉餛飩的做法：「羊肉（一腳子，卸成事件），草果（五個），回回豆子（半升，搗碎去皮）。右件同熬成湯，濾淨。用羊肉切作餡，下陳皮一錢，去白生薑一錢，細切五味和勻。次用雞頭粉二斤，豆粉一斤，作枕頭餛飩，湯內下香粳米一升、熟回回豆子二合、生薑汁二合、木瓜汁一合同炒，蔥、鹽勻調和。」這是一種漢族與其他民族食品原料混合而成的宮廷肴饌，因為其中使用了多種少數民族的原料。如「回回豆子」即胡豆，是當時「回回地面」種植的一種豆類。羊肉也是回回等民族人民喜愛的食品原料。[2]

又如「春盤麵」是漢族傳統食品與元代少數民族食品結合而成的一種麵食。麵食中的羊肉、羊肚肺是北方一些游牧民族的重要食品原料，而白麵、雞子、生薑、

1　京城帝國大學法文部：《奎章閣叢書》第九《老乞大諺解》卷上，朝鮮印刷株式會社，1944年，第224頁。

2　那木吉拉：《中國元代習俗史》，人民出版社，1994年，第79頁。

韭黃、蘑菇等則是內地漢族人民的主食、副食原料。並且「春盤」是古代漢族歲時節令食物，流行較廣。每逢立春日，人們用生菜、水果或其他食品置於盤中為食或相贈。[1]

在來自西域或草原地區的「胡食」中，其主食常常是加羊肉和其他配菜做成。例如《飲膳正要》中提到一種被稱為「搠羅脫因」的「畏兀兒茶飯」即是如此，其做法為將白麵和好，按成銅錢的樣子，再以羊肉、羊舌、山藥、蘑菇、胡蘿蔔、糟薑等作料「用好醃肉湯同下炒，蔥、醋調和」[2]。這相當於一種酸味的蔥麵片炒羊肉片。還有一種回回飯「禿禿麻食」，意為「手撇麵」。據《朴通事》描述其做法「如水滑麵；和圓小彈，劑冷水浸手掌，按作小薄餅兒，下鍋蒸熟，以盤盛。用酥油炒片羊肉，加鹽，炒至焦，以酸甜湯拌和，滋味所得。研蒜泥調酪，任便加減。使竹籤食之」。這是一種糖醋口味的羊肉片炒麵片。這些帶有鮮明少數民族特色的食品已堂而皇之地落戶在元大都，成為人們的日常飲食。

相對於其他少數民族入主中原的朝代，有元一代的少數民族顯得更為強勢。就經濟方式而言，北方蒙古等游牧狩獵民族的習俗影響了內地漢族農業經濟。這些影響主要表現在北方游牧狩獵文化與內地農業文化之間的差異以及對立上。早在蒙古人建國時期，有些蒙古貴族就想將中原良田變為牧場，遭到耶律楚材及蒙古大汗的阻止。隨著大量蒙古、色目人的移居，北方狩獵習俗也傳至內地。從而內地不少地區出現了狩獵民以及大規模圍獵活動。[3]游牧生產方式向燕京農耕地區的滲透，改變了燕京原有的飲食結構，從根本上促成了兩種完全不同飲食風格的交合。這種交合不是簡單的食品數量的增加，而是你中有我，我中有你。

1　那木吉拉：《中國元代習俗史》，人民出版社，**1994**年，第**77**頁。

2　忽思慧：《飲膳正要》卷一《聚珍異饌》，人民衛生出版社，**1986**年，第 33頁。

3　那木吉拉：《中國元代習俗史》，人民出版社，**1994**年，第**264**頁。

四、元大都飲食的主要品種

「食」分主次，主食最能體現飲食文化的特徵。

元代蒙古人的乳類食品，來源於他們所飼養的牛、馬、羊、駱駝等家畜。在多民族長期共處的過程中，這些奶品就和漢族食品悄然地交融在一起，形成一種新形態的食品。如元大都居民主食之一的「燒餅」，就是漢族的麵食與蒙古族的奶類結合的產物。元代的燒餅跟南北朝的燒餅雖然名稱一樣，但所指的食品不同了：南北朝時的燒餅相當於今天的餡餅；元代燒餅的重要特點就是加了奶和酥油，再經烤、烙而成。烤的方式有二，一是在爐裡烤，二是在熱灰裡煨；烙的方式則是用一種圓形平底鍋做熟。有元一代，芝麻燒餅不再叫胡餅，而改為叫「芝麻燒餅」，加黑芝麻的叫「黑芝麻燒餅」。元代太醫忽思慧在《飲膳正要》中載錄了兩種燒餅，一曰「黑子兒燒餅」，一曰「牛奶子燒餅」。黑子兒燒餅的做法：「白麵（五斤），牛奶子（二升），酥油（一斤），黑子兒（一兩，微炒）。右件用鹽、鹼少許同和麵作燒餅。」「牛奶子燒餅」的做法與上同，只是原料中無黑子兒，而以一兩微炒茴香代之。《老乞大》一書記載了來元大都的經商者去客店吃燒餅，並隨身攜帶的情節：店主問：「客人吃些甚麼茶飯？」商人回答：「我四個人，炒著三十個錢的羊肉，將二十個錢的燒餅來。……這燒餅，一半兒冷，一半兒熱。熱的留下著，我吃；這冷的你拿去，爐裡熱著來。」[1]今日想來，這種加了奶和酥油的燒餅，也應該是很好吃的。

蒸餅，與燒餅一同從西域傳至中國，亦稱「炊餅」。《飲膳正要》中記述了蒸餅的做法：「酛餅（經捲兒一同）：白麵（十斤），小油（一斤），小椒（一兩），炒去汗，茴香（一兩炒）。右件隔宿用酵子鹽鹼溫水一同和麵。次日入麵接肥，再和成麵。每斤做二個入籠內蒸。」大都「諸蒸餅者，五更早起，以銅鑼敲擊，時而為之。」「都中經紀生活匠人等，每至晌午，以蒸餅、燒餅、飩餅、軟機子餅之類為點心」。[2]由於蒸餅是一種比較通常的食品，元雜劇中也多次提及。諸如一個小偷在

1　京城帝國大學法文部：《奎章閣叢書》第九《老乞大諺解》卷上，朝鮮印刷株式會社，1944年，第110頁。
2　熊夢祥：《析津志輯佚·風俗》，北京古籍出版社，1983年，第207頁。

蒸作鋪門前過，「拿了他一個蒸餅」[1]。一對窮夫妻，想吃「水床上熱熱的蒸餅」[2]。當時蒸餅市在「大悲閣後」[3]。可見蒸餅在當時十分流行，從宮廷到大街小巷，無所不在。「街市蒸作鈣糕。諸蒸餅者，五更早起，以銅鑼敲擊，時而為之。及有以黃米作棗糕者，多至二三升米作一團，徐而切破，秤斤兩而賣之。若蒸造者，以長木竿用大木杈撐住，於當街懸掛，花饅頭為子。小經紀者，以蒲盒就其家市之，上頂於頭上，敲木魚而貨之。」[4]蒸餅的經營者們用市聲來招攬生意，強化了大都民間飲食生活的情趣。

《飲膳正要》還提供了另一組主食：饅頭。包括倉饅頭、鹿奶肪饅頭、茄子饅頭、剪花饅頭等。它們都是以蒙古族所嗜之羊肉為餡，以漢族的麵為皮。這是蒙古族和漢族兩種最主要主食融為一體的典範。「倉饅頭」：切細羊肉、羊脂、蔥、生薑、陳皮等原料與鹽醬等調料拌和作餡；「鹿奶肪饅頭」：以鹿奶肪、羊尾子為餡；「茄子饅頭」：以羊肉、羊脂、羊尾子和嫩茄子為餡。上述三種饅頭調餡法相同，皆亦白麵作皮。「剪花饅頭」餡料有羊肉、羊脂、羊尾子、蔥、陳皮，製法也同於上述。但把饅頭包好後，須用剪子把饅頭剪雕成各種花樣，並染以胭脂花，蒸熟食用。[5]

《飲膳正要》一書中還記載了天花包子、藤花包子等主食，其作餡原料與上述饅頭無異。看來元時的饅頭和包子的差別在於皮的厚薄和形狀的不同。

還有一種包子叫「荷蓮兜子」，與天花包子相似。其餡料異常豐富，可達二十種以上，其中多為少數民族特有的原料，作餡原料有羊肉、羊尾子、雞頭仁、松黃、八簷仁、蘑菇、杏泥、胡桃仁、必思答仁、胭脂、梔（zhī）子、小油、生薑、豆粉、山藥、雞子、羊肚肺、苦腸、蔥、醋、芫荽葉等。製法與其他包子無異，只

1　佚名：《崔府君斷冤家債主》，臧懋循：《元曲選》，中華書局，1958年，第1130頁。
2　張國賓：《相國寺公孫合汗衫》，臧懋循：《元曲選》，中華書局，1958年，第130頁。
3　熊夢祥：《析津志輯佚・城池街市》，北京古籍出版社，1983年，第6頁。
4　熊夢祥：《析津志輯佚・風俗》，北京古籍出版社，1983年，第207頁。
5　忽思慧：《飲膳正要》卷一《聚珍異饌》，人民衛生出版社，1986年，第42-44頁。

是用豆粉皮包之，先入小飯碗內蒸熟。熟後拿出，上澆松黃汁。「荷蓮兜子」因其形狀像蓮瓣包子故名，具有十足的北方游牧民族食物的韻致。

米粥，一直為蒙古族人所喜食。元時蒙古人很少吃用大米做的乾飯，但早餐頓頓有稀粥。游牧民族終日放牧在外，水的補充不盡方便，因此早上在家把水喝足至關重要，遂漸成習俗。此等飲食習慣隨著蒙古統治者進入了元宮廷，並在大都民間流行。這從《飲膳正要》一書中可以得到印證。該書中很少見有乾飯、悶飯等文字，而多記有稀粥。該書中有乞馬粥、湯粥、粱米淡粥、河西米粥、生地黃粥、蓽撥粥、良薑粥、雞頭粥、桃仁粥、蘿蔔粥、小麥粥、荊芥粥、麻子粥等近二十種。其中的乞馬粥、河西米粥，系與當時回回等民族的飲食習俗有關；而湯粥、粱米淡粥則是當時漢族民間的粥類無疑，因其原料單一，做法簡單。而羊骨粥等十幾種粥品則是宮廷高級營養佳餚。其原料除有各種米之外，還有羊骨、豬腎、羊腎以及枸杞、山藥、桃仁等天然補品。所以忽思慧把這些稀粥列於「食療諸病」之屬。[1]

至今還十分流行的一些小吃、名點也都起源於元代，最為有名的應是燒麥，又作「燒賣」「稍梅」「燒梅」等。有關燒麥最早的史料記載，是在十四世紀高麗出版的漢語教科書《朴事通》上，指出元大都出售「素酸餡稍麥」。該書關於「稍麥」的注說是以麥麵做成薄片包肉蒸熟，與湯食之，方言謂之稍麥。「麥」亦做「賣」。又云：「皮薄肉實切碎肉，當頂撮細似線稍系，故曰稍麥。」「以麵作皮，以肉為餡，當頂做花蕊，方言謂之燒賣。」如果把這裡「稍麥」的製法和今天的燒賣做一番比較，可知兩者是同一樣東西。只不過現在的燒麥多為素餡，而元代的以肉為餡，說明當時的燒麥同樣是兩種不同飲食文化融合的產物。

元大都時的菜蔬種類繁多，彙集南北，多民族的蔬菜融合於都城一地，呈現出一派姹紫嫣紅之景。《析津志輯佚》中記載了「右家園種蒔之蔬」的品種，主要菜蔬有：「壯菜（即升麻。味最苦最香，甜為上）、蕨菜（甘則味愈佳）、解蔥（如玉簪葉，味香。一如蔥，食之解諸毒）、山韭（與園韭同）、山薤（與家種同）、黃連

1　那木吉拉：《中國元代習俗史》，人民出版社，1994年，第86-87頁。

中國飲食文化史　京津地區卷·上冊

末暹羅及荷蘭等處人始傳其法於中土」。

元代忽思慧《飲膳正要》卷三「米穀品」中記述了這種酒：「阿剌吉酒，味甘辣，大熱，有大毒，主消冷堅積去寒氣，用好酒蒸熬取露成阿剌吉。」阿剌吉，亦作阿里乞、哈剌吉、哈剌基。許有壬《詠酒露次解恕齋韻序》：「世以水火鼎煉酒取露，氣烈而清，秋空沆瀣不過也。雖敗酒亦可為。其法出西域，由尚方達貴，今汗漫天下矣。譯曰阿爾吉云。」阿剌吉酒的釀造方式是這樣的：「南番燒酒法（番名阿里乞）：右件不拘酸甜淡薄，一切口味不正之酒，裝八分一甕，上斜放一空甕，二口相對。先於空甕邊穴一竅，安以竹管作嘴，下再安一空甕，其口盛住上竹嘴子。向二甕口邊，以白磁碗楪片，遮掩令密，或瓦片亦可，以紙筋搗石灰厚封四指。入新大缸內坐定，以紙灰實滿，灰內埋燒熟硬木炭火二三斤許下於甕邊，令甕內酒沸，其汗騰上空甕中，就空甕中竹管內卻溜下所盛空甕內。其色甚白，與清水無異。酸者味辛，甜淡者味甘。可得三分之一好酒。此法臘煮等酒皆可燒。」[1]

馬奶酒又稱羊羔酒。至元九年（西元1271年）忽必烈建立元朝，自定都大都後，飲食起居一改草原遺風，但馬奶酒卻保存下來，成為卓有特色的元代飲品。義大利旅行家馬可·波羅曾經在《馬可·波羅遊記》中描述了忽必烈在皇宮宴會上將馬奶酒盛在珍貴的金碗裡，犒賞有功之臣的情景。宋元著名詩人、宮廷琴師汪元量應邀參加了皇室的內宴，當時宴會上飲用的就是馬奶酒。隨後他寫了一首《御宴蓬萊島》詩云：「曉入重闈對冕旒，內家開宴擁歌謳。駝峰屢割分金碗，馬奶時傾泛玉甌。」詩中描寫了宮廷馬奶酒宴的奢靡豪華。《飲膳正要》中云：「羊羔酒，依法作酒，大補益人。」說明在元代，羊羔酒屬於法酒，即由宮廷發布標準釀造的酒，是宮廷御酒。元雜劇常常出現羊羔酒，說明此酒深得時人喜愛。

陳以仁的《存孝打虎》第一折，有「渴飲羊羔酒，飢飧鹿脯乾」[2]句。

無名氏《誶范叔》第一折，《金盞兒》：「俺只見瑞雪舞鵝毛，美酒泛羊羔。」[3]

1　無名氏：《居家必用事類全集》己集《造曲法》，中國商業出版社，1986年。
2　隋樹森編：《元曲選外編》第二冊，中華書局，1980，第554頁。
3　隋樹森編：《元曲選外編》第三冊，中華書局，1980，第1203頁。

劉唐卿的《降桑椹》第一折，有「盡今生樂陶陶，飲香醪，滿捧羊羔」[1]句。

元代王舉之小令《折桂令·羊羔酒》：「杜康亡肘後遺方，自墜甘泉，紫府仙漿。味勝醍醐，釀欺琥珀，價重西涼。凝碎玉金盃泛香，點浮酥鳳盞熔光。錦帳高張，黨氏風流，低唱新腔。」[2]這支曲子將生活的情趣與羊羔酒聯繫在一起，羊羔酒成為文人詩化生活的必備媒介。

在釀製馬奶酒時，視馬的毛色以別奶之貴賤。黑色馬製成的馬奶酒最為珍貴，視作精品。蒙古語稱「黑忽迷思」，譯為漢語即是「玄玉漿」，「玄」即黑也。飲黑色馬奶酒的筵席規格最高，在蒙古汗帳中身分、地位顯赫的人才有資格享用。

葡萄酒可以說是果酒中最重要的一種。元代是我國古代葡萄酒創始和極盛時期。蒙古人飲用葡萄酒，初見於《元朝秘史》第一八一節。忽必烈率大軍入主中原，建都北京，就向京城內外的酒家索取葡萄酒。據《元典章》所載：「大都酒使司於葡萄酒三十分取一，至元十年抽分酒戶，白英十分取一。」可以看出，元初北京酒戶就已經大量生產葡萄酒了。因為當時在大都建立生產基地，且規模不斷擴大，允許民間經營。《元史》載：中統二年（西元1261年）六月，「敕平陽路安邑縣，蒲萄酒自今毋貢。」「至元二十八年（西元1291年）五月，宮城中建蒲萄酒室及女工室。」「元貞二年（西元1296年）三月，罷太原、平陽路釀進蒲萄酒，其蒲萄園民恃為業者，皆還之。」《飲膳正要》：「葡萄酒，益氣，調中，耐飢強志。酒有數等，有西番者，有哈剌火者，有平陽太原者，其味都不及哈剌火者田地酒最佳。」哈剌火者，即哈剌火州，即今新疆吐魯番地區。此地自古盛產葡萄，味美甜香，是釀製葡萄酒的極好原料。所以山西等地產的葡萄酒皆不及哈剌火者葡萄酒。至此，葡萄酒就不僅是蒙古人喜愛的飲料，而是全國各地都普遍流行，並傳至今天。

在元代，葡萄酒作為宮廷飲膳，被蒙古皇帝及貴族飲用，稱為法酒。葉子奇《草木子》卷三下《雜制篇》「法酒」：「每歲於冀寧等路造葡萄酒。」元朝統治者常用葡萄酒宴請、賞賜王公大臣，還用於賞賜外國和外族使節。葡萄酒與馬奶酒並列

---

1 隋樹森編：《元曲選外編》第二冊，中華書局，1980，第426頁。

2 隋樹森編：《全元散曲》下，中華書局，1964年，第1320頁。

為宮廷的主要用酒。南宋小皇帝趙顯一行到大都，忽必烈連續設宴款待，「第四排宴在廣寒，葡萄酒釅色如丹。」[1]元代的葡萄酒，還用於「祭祀」「典禮」和「祝壽」。《元史》載：至元十三年（西元1261年）九月初一，「享於太廟，常饌外，益野豕、鹿、羊、蒲萄酒」。十五年十月，「享於太廟，常設牢醴外，益以羊、鹿、豕、蒲萄酒。」「六日晨裸：祀日丑前五刻，太常卿、光祿卿、太廟令率其屬設燭於神位，迸同三獻官、司徒、大禮使等每室一人，分設御香、酒醴，以金玉爵斝，酌馬湩、蒲萄尚醞酒奠於神案」。

《馬可‧波羅遊記》「哥薩城」（今河北涿州）一節中記載：「過了這座橋（指北京的盧溝橋），西行四十八公里，經過一個地方，那裡遍地的葡萄園，肥沃富饒的土地，壯麗的建築物鱗次櫛比。」據《元典章》，元大都葡萄酒系官賣（系榷貨），曾設「大都酒使司」，向大都酒戶徵收葡萄酒稅。大都坊間的釀酒戶，有起家巨萬、釀葡萄酒多達百甕者。可見當時葡萄酒釀造已達相當規模。由於葡萄種植業和葡萄酒釀造業的大發展，飲用葡萄酒不再是王公貴族的專利，平民百姓也飲用葡萄酒。這從一些平民百姓、山中隱士以及女詩人的葡萄酒詩中可以讀到。《至正集》卷二一載許有壬《和明初蒲萄酒韻》詩云：「漢家西域一朝開，萬斛珠璣作酒材。真味不知辭曲糵，歷年無敗冠尊罍。殊方尤物宜充賦，何處春江更潑醅。」《畏齋集》卷二載程端禮《代諸生壽王豈岩》詩云：「千甌酒馨葡萄綠，萬朵燈敷菡萏紅。」薩都拉《傷思曲哀燕將軍》詩云：「宮錦袍，氈帳高，將軍夜酌涼葡萄。葡萄力重醉不醒，美人猶在珊瑚枕。」元代詩人對葡萄酒的感悟頗深，於是能夠把元人品味葡萄酒的生活畫面生動地描繪出來。

果酒中除葡萄酒外，還有棗酒和椹子酒，「棗酒，京南真定為之，仍用些少曲糵，燒作哈剌吉，微煙氣甚甘，能飽人。椹子酒，微黑色。京南真定等處咸有之。大熱有毒，飲之後能令人腹內飽滿。若口、齒、唇、舌，久則皆黧。軍中皆食之，以作餱糧，乾者可致遠。」[2]

1　汪元量：《增訂湖山類稿》卷二《湖州歌九十八首》，中華書局，1984年。
2　熊夢祥：《析津志輯佚‧風俗》，北京古籍出版社，1983年，第239頁。

第七章　明朝時期

西元一三六八年，朱元璋在應天（今南京）稱帝，國號大明，建立了明王朝。同年，徐達、常遇春等攻克大都，元大都改稱北平府，燕京地區又重歸漢族政權統治。洪武三年（西元1370年）四月，朱元璋封第四子朱棣為燕王。洪武十三年（西元1380年）三月，燕王朱棣就藩北平。洪武三十一年（西元1398年）朱元璋死，其孫朱允炆繼位，是為建文帝。朱棣於建文元年（西元1399年）起兵北平，發動靖難之役，於建文四年（西元1402年）攻下南京，奪取帝位。成祖朱棣於永樂元年（西元1403年）正月升北平為北京，北京之名即由此始。二月，改北平府為順天府。永樂四年（西元1406年），朱棣下詔遷都北京。永樂五年（西元1407年）開始營建北京宮殿、壇廟，於永樂十八年（西元1420年）完工，永樂十九年（西元1421年）正月正式遷都北京，以北京為京師，南京為陪都。

明代是我國歷史上社會相對穩定的一個統一王朝，農業經濟發展迅速。作為京都更是水田棋布，一如江南。較之前代，其飲食文化經過較長時間的平穩發展，呈現更加繁榮的景象。明代北京飲食文化之所以發展迅猛，主要是有得天獨厚的京都地位，八方輻輳，催發了商業的興起。明代的北京皇族聚居、王府密布，官僚貴戚麇集於此，可稱全國財貨駢集之市。商業的發達首先使得飲食業所需的各種食物在

▲圖7-1　故宮太和殿（肖正剛提供）

北京得到廣泛的交流，人們想吃各地的特產已經不再是難事。其次是北京的繁華，吸引了來自大江南北的商人，他們的口味各異，不同的需求刺激了飲食業的發展與繁榮。再有商業文化的發展使得北京人的思想觀念也發生了很大的轉變，商人經商取得成功占有了財富之後，有足夠的財力追求極品飲食的享受。對飲食文化的追求成為北京人享受生活的一個重要方面。

第一節　明代飲食文化的特點

一、飲食呈奢華態勢

同其他發達城市一樣，明代北京飲食也明顯呈現從簡樸到奢華的發展態勢。從明代飲食發展情況看，可以明代嘉靖朝為界，劃分為前後兩個發展階段。嘉靖以前，明代社會各階層成員的飲宴等日常生活消費標準，均遵循封建王朝禮制的嚴格定規，很少有違禮逾制的情況發生。[1]明初，朝廷為阻止官庶宴會遊樂，不時發布禁令，使得官員頗有微詞，並「怠於其職」。明代于慎行在他所著的《谷山筆麈》卷三「恩澤」一節中曾記曰：「今日禁宴會，明日禁遊樂，使關廷之下，蕭然愁苦，無雍容之象。而官之怠於其職，固自若也。」明王朝的開國皇帝朱元璋出身貧寒，對於歷代君主縱慾禍國的教訓極其重視，稱帝以後，「宮室器用，一從樸素，飲食衣服，皆有常供，唯恐過奢，傷財害民」。[2]他經常告誡臣下記取張士誠因為「口甘天下至味，猶未厭足」而敗亡的事例。明成祖朱棣也相當節儉，《明太宗寶訓》中記錄了他曾經怒斥宦官用米餵雞說：「朕日夜為憂，此輩坐享膏粱，不識生民艱難，而暴殄天物不恤，論其一日養牲之資，當飢民一家之食，朕已禁戢之矣，爾等

1　余繼登：《典故紀聞》卷六，中華書局，2006年。
2　臺灣「中央研究院歷史語言研究所」編：《明太祖實錄》卷一七四「洪武十八年（西元1385年）七月甲戌」，中華書局，1962年。

職之，自今敢有復爾，必罪不宥。」皇帝在飲食方面的廉潔態度以及祖上定製的戒律，對遏制朝廷官吏們的奢侈消費起了很大的作用。加上戰爭剛剛結束，飲食物資相對匱乏，也促成了明初飲食簡樸、崇尚節約的風尚形成。

但是到了嘉靖、隆慶以後，隨著社會價值觀的變化、各式商品的漸趨豐富並具誘惑力，從而激活了社會久遭禁錮的消費和享受慾望，衝破了原來祖上定製的禁網，「敦厚儉樸」風尚向著它的反面「浮靡奢侈」轉化；而且這股越禮違制的浪潮，來勢洶湧，波及社會的各個階層。[1]少數貴族的飲食越禮逾制，花樣翻新，飲食風氣正在發生根本性的轉變。正如明代史料所言：「近來婚喪、宴飲、服舍、器用，僭擬違禮，法制罔遵，上下無辨。」[2]這種狀況，客觀上促進了烹飪技藝的發展。據明黃一正《事物紺珠》載，明中葉後，御膳品種更加豐富，麵食成為主食的重頭戲，且肉食類與前代相比，出現了一些前所未有的食饌，而且烹飪方法也有很大突破。在烹飪技術上，明代與兩宋相比也有了很大的進步，技藝更加豐富和規範，有燒、蒸、煮、煎、烤、鹵、攤、炸、爆、炒、炙等，烹飪手法齊全。國宴上的菜餚更是無比豪華，海陸山珍無所不備。

到了明代後期，北京飲食在宮廷和貴族階層的引導之下，極盡浮靡奢侈，大講排場。當時北京的富家和一些行業頭領也趁官員在朝天宮、隆福寺等處習儀，擺設盛撰，托一二知己邀士大夫赴宴，席間有教坊司的子弟歌唱侑酒。京師官員的游宴吃酒，竟得到了明孝宗的支持。考慮到官員同僚的宴會大多在夜間，騎馬醉歸，無處討燈燭。於是明孝宗下令，各官飲酒回家，街上各個商家鋪戶都要用燈籠傳送。明代田藝蘅《留青日札摘抄》卷二，記載京師有一蔣攬頭，請八人赴宴，「每席盤中進雞首八枚，凡用雞六十隻矣。」席間一御史喜食雞首，蔣氏以目視僕，「少傾覆進雞首八盤，亦如其數，則凡一席之費，一百三十餘雞矣，況其他乎？」從弘治年間（西元1488-1505年）開始，由於朝政寬大，官員多事游宴，蔚成一時風氣。

1　王熹：《中國明代習俗史》，人民出版社，1994年，第23-24頁。
2　《明神宗實錄》卷五一「萬曆四年（西元1576年）六月辛卯條」。

▲圖7-2　明代洪武年間青花纏枝菊紋碗（趙蓁蘢攝影）　　▲圖7-3　明代隆慶年間青花魚藻紋盤，北京朝陽出土
　　　　　　　　　　　　　　　　　　　　　　　（趙蓁蘢攝影）

　　不僅食物越來越講究，飲食器具也逐漸變得華貴起來。二〇〇五年七月中央文獻研究室在鋪設供暖管道時，發掘出大型瓷器坑。此次出土的大量瓷器殘片，絕大部分是民窯產品，僅有個別出自官窯。這批瓷器除少量為明代之前的遺物外，其餘絕大部分屬於明代早中期。窯口較雜，有景德鎮窯、龍泉窯、鈞窯、德化窯等，其中以景德鎮燒造的最多。所出器型有各類碗、盤、杯、罐、壺等，基本涵蓋了日用瓷、陳設瓷、建築用瓷等範疇。釉色以青花釉、白釉為主，也有青白釉、龍泉釉、藍釉、琉璃等，還有較為珍貴的紅彩、紅綠彩、青花紅綠彩。紋飾圖案種類題材豐富、典雅秀麗，寫意傳神，清新明快，極具藝術魅力。

　　明朝時由於北京菜品種繁多，形態各異，因此食器的形制也是千姿百態。可以說，在京都有什麼樣的肴饌，就有什麼樣的食器相配。例如平底盤多用來盛放爆炒類菜，湯盤多盛放熘汁類菜，橢圓盤專盛整魚菜，深斗池專盛整隻雞鴨菜，蓮花瓣海碗用來盛湯菜等等；如果用盛湯菜的盤裝爆炒菜，便收不到美食與美器搭配和諧的效果。它標誌著飲食文化的發展已達到相當高的水平。

二、飲食的多元與融合

明代北京飲食延續了以往朝代兼容並蓄，融會貫通的文化氣質。自遼、金、元以來，少數民族都在北京建都，各少數民族雲集北京，使得北京人的飲食生活中滲入了濃重的民族風味。明代北京的節令食品更是品種繁多，風格迥異：正月的冷片羊肉、乳餅、奶皮、乳窩卷、炙羊肉、羊雙腸、渾酒；四月的白煮豬肉、包兒飯、冰水酪；十月的酥糕、牛乳、奶窩；十二月的燴羊頭、清蒸牛乳白等，均是一些兄弟民族的風味菜餚加以漢法烹製而成的，體現了多元融合的飲食文化特點。

改朝換代的大明王朝，由漢民族統治，為了擴大北京城市的人口規模，明王朝有意識地吸引南方人入居北京，從而形成了南方飲食文化對北京的影響。明代的北京號稱八方輻輳，各地各民族聚集於此，形成「寄之為寓，客之為籍」的居住形態。[1] 可見，除了寄寓之外，尚有「客籍」人口。北京的流寓之人相當之多，尤其是一些在京為官的子弟及其家屬成員，或者家鄉之人，大多依附京官在北京暫住。明人于慎行也說：「都城之中，京兆之民十得一二，營衛之兵十得四五，四方之民十得六七；就四方之中，會稽之民十得四五，非越民好游，其地無所容也。」[2] 從這一記載可知，晚明北京城中的居住人口，「老北京」僅占十之一二，十分之六七是外地移民，或寄寓，或客籍。而在這些外地移民中，會稽之民又占了十分之四五，說明在明代江南人口大量北遷。有明一代，北京居民真正完成了民族交融、南北交匯。相應地，在飲食文化方面，也達到了民族之間、地域之間的高度融合。譬如，「北京人以麵食為主，菜餚加作料氣味辛濃，南方人很不適應。南人北上後，帶來一些南方的烹調技術，「水爆清蒸」的南菜在北京也很盛行。」[3] 京師筵席，「以蘇州廚人包辦者為尚」；親友餽贈，「必開南酒為重」。萬曆時，原產江南的「蛙、蟹、鰻、蝦、螺、蚌之屬」，已在北京「瀦水生育，以至蕃

1　沈榜：《宛署雜記》卷一《日字·宣諭》，北京古籍出版社，1983年，第8頁。

2　于慎行：《谷山筆麈》卷一二《形勢》，中華書局，1997年，第129-130頁。

3　李淑蘭：《京味文化史論》，首都師範大學出版社，2009年，第108頁。

盛」。向來崇尚簡樸、儉約的北方食俗，逐漸向江南食不厭精、趨新、趨奢的風尚合流。[1]

明代北京人口的一個特點是消費人口極多，生產人口很少。北京人中既有伴隨著中央政府的遷入而生活於此的皇室、貴戚、功臣、一般官僚等權貴政要，也有富商巨賈、主要依靠勞動販運為生的小工商業者，還有軍人、奴僕、工匠、雇工、宦官、宮女，以及以相面、看病、看風水、各種賣藝、賣身活動為生的醫卜相巫藝伎，以及三姑六婆、乞丐光棍、遊方僧道等各種閒雜人員。可以說，在明末的北京社會，構成了一個龐大的飲食消費群體。他們不同的口味需求大大促進北京飲食的異質性，遂使北京成為一個典型的「五方雜處，食俗不純」的大都市。此時，來自各個地域的各大菜系都極欲在北京占得一席之地。當時，尤其是山東人紛紛到北京開餐館，所以明代北京的餐館中，魯菜的勢力較為雄厚，使山東風味在有明一代占領著北京餐飲市場。另外，在這些消費群體中，相當多的消費者文化層次都比較高，他們的飲食追求秉承了宮廷美食精細大氣的境界，使北京飲食文化在原本所具有的游牧飲食風格的基礎上，又多了一種儒雅的風味。豪爽、粗獷與紳士、典雅兩種飲食形態在大明京都得到完美結合，這種結合，使得北京飲食擁有其他城市所不具備的多元性與包容性。

三、飲食資源的豐富性

有明一代也具備了飲食多元與包容的客觀條件。首先是北京地區蔬菜種植業已比較發達，北京西郊和南郊土地肥沃的地區都成為著名的產菜區。蔬菜品種有絲瓜、黃瓜、薑、扁豆、韭菜、薹菜、芹菜、茄子、山藥、菠菜、芥菜、白菜、土豆、芫荽、大蒜、蔥、茴香、胡蘿蔔、水蘿蔔、銀苗菜、羊肚菜等等。[2]為了能

1　周耀明：《漢族風俗史》第四卷，學林出版社，2004年，第73頁。
2　于德源：《北京農業經濟史》，京華出版社，1998年，第232頁。

讓達官貴人四季都能吃上時鮮蔬菜，溫室技術已得到廣泛運用，「元旦進椿芽、黃瓜、……一芽、一瓜幾半千錢」。宛平、大興兩縣負責為太廟提供「薦新」果蔬，每月的品種都不一樣，價格也都有詳細記錄。如農曆正月，宛平的一份供應單上寫的是：「太廟每月薦新各品物，除大興縣分辦一半外，正月分，共該銀貳兩貳錢。薺菜四斤，價一兩二錢；生菜二斤，價五錢；韭菜二斤，價五錢。」[1]農曆正月吃韭菜，果然是「薦新」，自然是價格不菲。

其次是各地飲食特產和風味從四面八方運抵京城。據《明宮史》載：「十五日日上元，亦日元宵。內臣宮眷皆穿燈景補子蟒衣，燈市至十六日更盛。天下繁華，咸萃於此」。宮中的菜蔬有滇南的雞樅，五台山的天花羊肚菜，東海的石花海白菜、龍鬚、海帶、鹿角、紫菜等海中植物；江南的蒿筍、糟筍等，遼東的松子，薊北的黃花、金針，中都的山藥、土豆，南都的薹菜，武當的鷹嘴筍、黃精、黑精，北山的核桃、棗、木蘭菜、蔓菁、蕨菜等，以及其他各種菜蔬和乾鮮果品、土特產等，應有盡有。

第三是當時許多海外的食物種類，尤其能增添飲食風味和改變飲食結構的食物，也源源不斷地湧入京城，又為飲食的中外結合提供了便利。「譬如：辣椒原產南美熱帶，大約明末傳入，很快被人接受，尤其在兩湖四川雲貴等地，種植廣泛。土豆，又稱馬鈴薯或洋山芋，明末清初傳入福建。白薯，又稱地瓜或山芋，萬曆年間自南洋呂宋傳入。玉米，最早記載見於明正德《潁州志》，此前沿海應已有栽培。葵花子又稱香瓜子，原產墨西哥、祕魯，明萬曆年間自西方傳教士傳入。花生，又稱落花生或長生果，宋元間來自海外，此係小花生。如今流行的大花生是明末清初才培育繁殖起來的。……明代還引進了番雞、火雞。」[2]即使是這些「番物」遠在外地，但朝廷的進貢制度會把這些「番物」源源不斷地輸入京城。

1　沈榜：《宛署雜記》卷一二《契稅》，北京古籍出版社，1983年。
2　李寶臣主編：《北京風俗史》，人民出版社，2008年，第137頁。

明朝，中國和亞洲各國之間，特別是與鄰近的朝鮮、越南、日本、緬甸、柬埔寨、暹羅、印度以及南洋各國之間的飲食文化交流與政治接觸比以前更加頻繁了。明永樂三年（西元1405年）至宣德八年（西元1433年）之間，中國傑出的航海家鄭和曾率領船隊七次下西洋，前後經歷了亞、非三十多個國家，達二十七年之久。這是一件聞名中外的大事。這件事對於促進中外文化交流無疑大有裨益。明代，基督教進入中國，中國食品又一次引進了番食，如番瓜（南瓜）、番茄（西紅柿）等。印度的籠蒸「婆羅門輕高麵」、棗子和麵做成的獅子形的「水密金毛麵」等，也都在元明傳入。

第二節　繁榮的民間飲食文化

一、興旺的民間集市

飲食文化進入明代演進得非常成熟，這得益於當時的飲食環境已比較優越。明代的京城是商業大都市。明成祖遷都北京，天下財貨聚於京師，與飲食有關的尋常之市，如豬市、羊市、牛市、馬市、果木市各有定所，其按時開市者，則有燈市、廟市和內市等。[1]

明代初期，由於連年戰亂，北京城人口驟減，當時「商賈未集，市鄽尚疏」，城外交通困難，城內到處都是大片的空地。為此，明成祖朱棣遷都北京後，為鼓勵工商業的發展，明廷先後在全城重要地段的大明門、東安門、西安門、北安門這皇城四門外，內城鐘鼓樓、東四牌樓、西四牌樓，以及朝陽門、安定門、西直門、阜成門、宣武門附近，興修了幾千間民房、店房，召民居住、召商居貨，謂之「廊房」，以促進北京城的發展和工商業的繁榮。在固定的商業區和手工業區市場繁多，百物

1　李寶臣主編：《北京風俗史》，人民出版社，2008年，第244頁。

俱全，異常興旺。凡是在商業繁華區，飲食的需求就特別旺盛。在商業街區，各種風味小吃總會得到集中展示。另外，一些專門經營食品的市場，為明代飲食的發展提供了基本保障。諸如東大市商業街區專業市場就有菜市（今菜廠胡同）、乾麵市、白米市（今白米倉胡同）和酒市（今韶九胡同）等。「明代峰值時京城人口曾過百萬，每年需大量糧食、牛、羊、豬肉和蔬菜。東大市以解決京城糧食供應為主，西大市主要供應豬、牛、羊等肉食品，即當時的「熱貨」。來自蒙古大草原的牛、羊從西北運進北京城後，集聚在西直門至阜成門外的廊房，就地屠宰後用騾馬運進西大市。來自宛平、大興兩縣的生豬，宰殺後同樣用騾馬大車送入西大市。」[1]

此時北京地區的廟會活動也日漸興旺。據史料記載，廟會在遼金時期已有，在明清時代逐漸走向高潮。明代廟市最為發達，《春明夢餘錄・後市》說：「宮闕之制，前朝後市……每月逢四則開市，聽商買易，謂之內市……每月逢三則土地廟市，謂之外市。然外市是士夫、庶民之所用。」明代北京廟會規模最大的要數城隍廟廟會。《帝京景物略》一書記載了當時北京的情況：「城隍廟市，月朔望、廿五日，東弼教坊，西逮廟壖廡，列肆三里」。明代的《燕都遊覽志》亦云：「廟市者，以市於城西之都城隍廟而名也，西至廟，東至刑部街，約三里許，大略與燈市同。每月以初一、十五、二十五開市，較多燈市一日耳。」[2]綿延三里儘管有些誇張，但也透視了當時商業街區的熱鬧景象。隆福寺市場和護國寺市場是當時兩個最大的廟市。據《帝京景物略》載，燈市在東華門東，長二里，「起初八，至十三而盛，迄十七乃罷也。燈市者，朝逮夕，市；而夕逮朝，燈也。」每逢開市之日，熱鬧異常。而這個原為燈節而設的燈市後來逐漸變為在每月初五、初十、二十定期交易百貨的集市，並建起供人交易的市樓，「樓而簷齊，衢（qú）而肩踵接也。市樓價高，歲則豐，民樂。樓一楹，日一夕，賃至數百緡者」。

明朝北京飲食文化的繁榮，與廟會的興起直接關聯。廟會期間，北京的本色

1　王茹芹：《京商論》，中國經濟出版社，2008年，第105頁。

2　朱新一：《京師坊巷志稿》，北京古籍出版社，1982年，第135頁。

中國飲食文化史　京津地區卷・上冊

小吃自不待言，艾窩窩、驢打滾、焦圈、灌腸、禿禿麻食、燒賣、肉丸子、疙瘩湯……樣樣齊全。就連外地小吃也來趕場，如四川小吃粉團、龍抄手……也都有。北京及周邊地區的各種小吃匯聚在一起，促進了各地不同飲食風味的交流，也讓市民和遊客大飽口福。一年一度的廟會豐富了人們的消費方式，擴大了人們飲食消費的眼界，刺激了民眾對各種美食享受的慾望，在一定程度上帶動了北京飲食文化的發展。

二、飲食文獻中的明代京城民間食品飲品

《居家必用事類全集》為元、明之際無名氏編撰的一部「日用大全」式的著作。全書以天干為序分為十集，內容分別有「訓幼端蒙之法、孝親敬長之儀、冠婚喪祭之禮、農圃占候之術、飲食肴饌之制、官箴吏學之條、攝生療病之方，莫不具備。信乎居家必用者也。」原書目錄為：「甲集為學、乙集家禮、丙集仕宦、丁集宅舍、戊集農桑類、己集諸品茶、庚集飲食類、辛集吏學指南、壬集衛生、癸集謹身。」

其中飲食類的內容是該書的重要組成部分。這些內容不僅為明清飲食書籍大量徵引，連中國最大的類書《永樂大典》也吸收了其中的內容。全書共收錄了四百多種食物和飲料的製法，在烹飪史上頗有影響。在日本更被奉為「食經」之一。

該書的「庚集」為「飲食類」。「飲食類」中又分「蔬食」「肉食」兩部分。「肉食」中，又分「燒肉品」「煮肉品」「肉下酒」「肉灌腸紅絲品」「肉下飯品」「肉羹食品」「回回食品」「女直食品」「溫麵食品」「千麵食品」「素食」「煎酥乳酪品」「造諸粉品」等部分。幾個部分加起來，共記有數百種菜點，內容相當豐富。飲料類別集中收在「己集」，類目為：諸品茶、諸品湯、渴水、熟水類、漿水類、酒麴類。

下面以《居家必用事類全集》為主要依據，看看有明一代京城民間主要的飲食品種及製作方式。

諸品茶，凡十種。這部分講的是茶。文中首先引用北宋蔡襄《茶錄》等歷史資料，簡略而全面地介紹製茶技術、煎茶方法。之後，著重記載了調配茶，即除了茶

葉以外還同時使用了其他原料的茶，其中最為今人熟知的恐怕要數擂茶了。而其中的「百花香茶」使用了木樨、茉莉、橘花、素馨等花卉窨製，至今花茶仍在沿用此法。

諸品湯，凡三十種。如「鳳髓湯」「丁香湯」「檀香湯」「胡椒湯」等，是將單方或複方藥材細研為末，經開水沖泡而成的各類飲料。其中相當一部分直接取自醫書，有一定的藥效。

渴水，「五味渴水」「林檎渴水」「御方渴水」等凡十四種。如「楊梅渴水」：「楊梅不計多少採摘取自然汁，濾至十分淨，入砂器內慢火熬濃，滴入水不散為度，若熬不到，則生白醭。貯以淨器，用時每一斤梅汁入熟蜜三斤，腦麝少許，冷熱任用。如無蜜，球糖四斤，入水熬過亦可。」[1]渴水原料以水果為主，間用藥材，多煎熬成膏，飲用時兌水，一般冷暖皆宜，是很好喝的保健飲料。

熟水類，如「香花熟水」「荳蔻熟水」「紫蘇熟水」「沉香熟水」等。熟水多使用單方藥材，開水浸泡後即可飲用。無論是原料還是加工方法都比較簡單。

漿水類，凡五種。如「木瓜漿」：「木瓜一個，切下蓋，去穰盛蜜，卻了蓋，用簽簽之於甑上蒸軟。去蜜不用，及削去中，別入熟蜜半盞，入生薑汁同研如泥，以熟水三大碗拌勻濾滓盛瓶內。井底沉之。」[2]漿水是輕度發酵飲料，或使用麴，或使用穀物湯水，或直接使用穀物或水果。

酒麴類，造麴母法凡五種，釀酒品類凡十三種。這部分講的是酒和麴的加工釀製方法，其中既有白酒，也有黃酒，甚至外國酒，而藥酒占了相當大的比例。「柳泉居」與「三合居」「仙露居」號稱北京「三居」，釀造的京味黃酒很出名，均係「前店後廠」。明代民間釀酒有兩種：一種是自釀自飲，多為「煮酒」。再就是自釀的節令酒，諸如菖蒲酒、桂花酒、菊花酒等。一種是坊間酒糟房所釀的各種名酒。以「燒刀」為大宗。「二鍋頭」是北京的傳統白酒，即古稱「燒刀」，因其性濃烈故名，

1　佚名：《居家必用事類全集》己集，書目文獻出版社，景印明刻本，1988年，第228頁。
2　佚名：《居家必用事類全集》己集，書目文獻出版社，景印明刻本，1988年，第230頁。

官進御飲食之屬，皆無珍錯殊味，不過魚肉牲牢，以燔炙濃厚為勝耳。」說明御膳在燒烤技法方面較為注重、較為講究。有關宮中膳食口味偏重燒烤這一點，明末劉若愚亦曾指出：「凡宮眷、內臣所用，皆炙爆煎煠厚味」。其用來調味的「香油、甜醬、豆豉、醬油、醋，一應雜料，俱不惜重價自外置辦入也。」

而且，明朝各代皇帝的飲食生活十分個性化，各帝亦各有其喜嘗之物。以明末為例，據《酌中志》記，明熹宗最喜歡吃的是炙蛤蜊、炒鮮蝦、田雞腿及筍雞筍脯，而將海參、鰒魚、鯊魚筋、肥雞、豬蹄筋共燴成一道，他尤其愛吃。另外，熹宗還喜喝鮮蓮子湯，喜吃鮮西瓜，微加鹽焙。又據秦徵蘭《天啟宮詞》云：「滇南雞樅菜，價每斤數金。聖性酷嗜之，嘗撤以賜客。」據《萬曆野獲編》記載，明穆宗隆慶皇帝喜歡吃果餅，沒即皇帝位前，穆宗生活在藩邸，常派侍從到東長安街去買果餅，吃得很上癮。做了皇帝以後，穆宗仍念念不忘這種果餅。至於崇禎的喜好，據王譽昌《崇禎宮詞》云：崇禎帝「嗜燕窩羹，膳夫煮就羹湯，先呈所司嘗，遞嘗五六人，參酌鹹淡，方進御。」[1]明朝的各代皇帝都有自己的飲食嗜好，明代又完全具備了滿足他們不同飲食口味的條件。皇帝們的嗜好具有強大的感召力，使得宮廷飲食形成了不同的風味系列，使宮廷膳食更具多樣性。

宮廷飲食數量之豐、之精還得益於大一統的進貢制度，能保證各地的美味食材源源不斷運至皇宮。就水產而言，北京並不臨海，海鮮需要從兩百公里以外的沿海引入，視為宮中珍品。例如黃花魚，每年三月初運抵北京，在崇文門設立專門通道，並有專人監管。一些海鮮儘管可以上市，但價格昂貴，只有貴族方能享用。但由於當時沒有較好的保鮮技術，遠路而來的海鮮不能保證質量。「與海濱所食者甚遜，且遠致，味甚差。然當時分嘗一臠，固以為異味也。」[2]

不僅食材是八方麇集於皇宮一處，各地名廚也被招至皇宮。明朝都城移到北京

1　轉引自邱仲麟：《〈寶日堂雜鈔〉所載萬曆朝宮膳底帳考釋》，《明代研究》（原《明代研究通訊》）第六期，臺灣「中國明代研究學會」，2003年12月。
2　何剛德：《話夢集》，北京古籍出版社，1995年，第11頁。

時，宮廷裡的廚師大部分來自山東，因此山東風味便在宮中、民間普及開來。尤其是膠東菜進入宮廷，大大豐富了宮廷餐桌上的佳餚風味。宮廷的至高無上，可以極大限度地呈現飲食種類的豐富與精緻。

二、宮廷節令飲食

太監劉若愚歷經萬曆、泰昌、天啟、崇禎四朝，在《明史》的《宦官列傳》裡有他的傳記，他於崇禎十一年（西元1638年）五十五歲時將宮廷見聞寫成一部《酌中志》，這部書在清初曾經流行，康熙皇帝讀過此書。後又有明人呂毖從劉若愚所著《酌中志》的二十四卷中選出了其中的第十六卷到二十卷校勘重印，名曰《明宮史》。其中記載了明代宮廷一年四季十二個月各節令的飲食和風俗活動。我們選摘了《明宮史》一書中的部分內容，從中可見一年十二個月，明代宮廷中依各個月分氣候、時令的變化、有條不紊的生活節奏，看到皇家應時當令而又極其豐富的飲食風習。

正月初一日正旦節。自年前臘月廿四日祭灶之後，宮眷內臣[1]，即穿葫蘆景補子及蟒衣[2]。各家皆蒸點心儲肉，將為一二十日之費。臘月三十日，歲暮，即互相拜祝，名曰「辭舊歲」。大飲大嚼，鼓樂喧闐，為慶賀焉。門旁植桃符板、將軍炭，貼門神。室內懸掛福神，鬼判、鍾馗等，畫床上懸掛金銀八寶。正月初一日，五更起，焚香放紙炮……飲椒柏酒，吃水點心，即「扁食」也。或暗包銀錢一二於內，得之者以卜一年之吉。是日亦互相拜祝，名曰「賀新年」也。所食之物，如曰「百事大吉盒兒」者，柿餅、荔枝、圓眼、栗子、熟棗共裝盛之。又驢頭肉，亦以小盒

1　宮眷內臣：宮眷，內宮侍奉皇帝的嬪妃才女之類。內臣，在宮內侍奉皇帝及其家族的官員，又稱宦官、中官、內侍等。

2　補子及蟒衣：補子，舊時的官服，前胸及後背綴有用金線和彩絲繡成的「補子」，是品級的徽識。葫蘆景補子，即前胸、後背繡上應時的吉祥葫蘆的官服。蟒衣，也是古代官服，袍上繡蟒，亦稱「蟒袍」。

盛之，名曰「嚼鬼」，以俗稱驢為鬼也。立春之前一日，順天府於東直門外「迎春」，凡勳戚內臣達官武士，赴春場跑馬以較優劣，至次日立春之時，無貴賤皆嚼蘿蔔，曰「咬春」。互相請宴，吃春餅和菜……初七「人日」，吃春餅和菜。自初九日之後，即有奎燈市買燈，吃元宵。其製法用糯米細麵，內用核桃仁、白糖為果餡，灑水滾成如核桃大，即江南所稱湯圓者。十五日曰「上元」，亦曰「元宵」，內臣宮眷皆穿燈景補子蟒衣。燈市至十六更盛，天下繁華，咸萃於此。……斯時所尚珍味，則冬筍、銀魚、鴿蛋、麻辣活兔，塞外之黃鼠、半翅鶡（hé）雞，江南之蜜柑、鳳尾橘、漳州橘、橄欖、小金桔、風菱、脆藕，西山之蘋果、軟子石榴之屬，冰下活蝦之類，不可勝計。本地則燒鵝雞鴨、豬肉、冷片羊尾、爆炒羊肚子、灌腸、大小套腸、帶油腰子、羊雙腸、豬腎肉、黃顙、官耳、脆圓子、燒筍鵝雞、釀醃鵝雞、炸魚柳、鹵煮鵪鶉、雞醢湯、米爛湯、八寶攢湯、羊肉豬肉包、棗泥卷、糊油蒸餅、乳餅、奶皮。素蔬則滇南之雞㙡，五台之天花羊肚菜，雞腿、銀盤等蘑菇。東海之石花海白菜、龍鬚，海帶、鹿角、紫菜。江南之烏筍、糟筍、香蕈，遼東之松子，薊北之黃花、金針，都中之土藥、土豆，南都之薑菜，武當之鷹嘴筍、黃精、黑精，北山之榛、栗、梨、棗，核桃、黃連茶欄芽、蕨菜、蔓菁，不可勝數也。茶則六安松蘿、天池，紹興岕茶，徑山虎丘茶也。凡遇雪，則暖室賞梅，吃炙羊肉、羊肉包、渾酒、牛乳。十九日名燕酒，是日也……二十五日曰「填倉」，亦醉飽酒肉之期也。

二月，初二日，各宮門撤出所安彩妝。各家用黍麵棗糕以油煎之，或曰麵和稀攤為餅，名曰「薰蟲」。月也分，菊花、牡丹凡花木之窖藏者，開陳放風。清明之前收藏貂鼠帽套領狐狸等皮衣，食河豚，飲蘆芽湯以解其熱。各家煮過夏之酒。此時吃鮓[1]，名曰「桃花鮓」。

三月，初四日，宮眷內臣換穿羅衣。清明……凡各宮之溝渠，俱於此疏濬之。

1　鮓：古代一種用魚加工成的熟食品。《齊民要術》載「作酢法」，大致為：取鯉魚，去鱗，切成長二寸、廣一寸、厚五分的魚塊，治淨；炊粳米飯為糝，加上朱萸、橘皮、好酒，於盆中和合之。然後上蒸籠，一層魚、一層糝，要鋪八層，蒸至白漿出，味酸，便成。

竹篾排棚大補天溝水管，俱於此時油捻[1]之，並銅缸亦刷換以新汲水也。……二十八日，東嶽廟進香，吃燒筍鵝，吃涼糕、糯米麵蒸熟加糖、碎芝麻，即糌巴也。吃雄鴨腰子，大者一對可值五六分，傳云，食之補虛損也。

四月，初四日，宮眷內臣換穿紗衣。……初八日，進「不落夾」，用葦葉方包糯米，長可三四寸，闊一寸，味與粽同也。是月也，嘗櫻桃，以為此歲諸果新味之始。吃筍雞，吃白煮豬肉，以為「冬不白煮，夏不爐[2]」也。又以各樣諸肥肉、薑蔥蒜剉如豆大，拌飯，以萵苣大葉裹食之，名曰「包兒飯」。造甜醬豆豉。……二十八日，藥王廟進香，吃白酒、冰水酪，取新麥穗煮熟，剁去芒殼，磨成細條食之，名曰「稔轉」，以嘗此歲五穀新味之始也。

五月，初一日起至十三日，宮眷內臣穿五毒艾虎補子蟒衣。門兩旁安菖蒲、艾盆。……初五日午時，飲硃砂、雄黃、菖蒲酒[3]，吃粽子，吃加蒜過水麵。賞石榴花，佩戴艾葉，合諸藥畫治病符。聖駕幸西苑，斗龍舟，划船。……夏至伏日，戴草麻子葉。吃「長命菜」，即馬齒莧也。

六月初六日，皇史宬古今通集庫曬晾。初伏中伏末伏日亦吃過水麵，嚼「銀苗菜」，即藕之新嫩秧也。初伏日造麴，惟以白麵用菉豆黃加料和成曬之。立秋之日，戴楸葉，吃蓮蓬、藕，曬伏薑、賞茉莉花，先帝愛鮮蓮子湯，又好用鮮西瓜子微加鹽焙用之。

七月，初七日「七夕節」，宮眷穿鵲橋補子，宮中設七巧子兵仗局，伺候乞巧針。十五日「中元」，甜食房進供佛波羅蜜；西苑做法事，放河燈，京都寺院咸做盂蘭盆，追薦道場，亦放河燈於臨河去處也。是月也，吃鰣魚為盛會賞桂花。斗促織。

八月，宮中賞秋海棠、玉簪花。自初一日起，即有賣月餅者。加以西瓜、藕，

---

1 油捻：用油塗抹封閉。
2 爐：放在灰火裡煨烤。
3 菖蒲酒：是我國傳統的時令飲料，從前代就一直流傳了下來。而且歷代帝王也將它列為御膳時令香醪。

互相饋送。西苑躧（xǐ）藕[1]。至十五日，家家供月餅瓜果，候月上焚香後，即大肆飲啖，多竟夜始散席者。如有剩月餅，仍整收於乾燥風涼之處，至歲暮合家分用之，曰「團圓餅」[2]也。始造新酒，蟹始肥。凡宮眷內臣吃蟹，活洗淨，蒸熟，五六成群，攢坐共食。食畢，飲蘇葉湯，用蘇葉等件洗手，為盛會也。凡內臣多好花木，於院宇之中，……有紅白軟子大石榴，是時各剪離枝。甘甜大瑪瑙葡萄，亦於此月剪下。缸內著少許水，將葡萄枝懸封之，可留至正月尚鮮。

九月，御前進安菊花。自初一日起，吃花糕。宮眷內臣自初四日換穿羅重陽景菊花補子蟒衣。初九日「重陽節」，駕幸萬歲山或兔兒山旋磨台登高，吃迎霜麻辣兔、飲菊花酒。是月也，糟瓜茄，糊房窗，製諸菜蔬，抖曬皮衣，製衣禦寒。

十月，初一日頒曆。初四日，宮眷內臣換穿紵絲。吃羊肉、炮炒羊肚、麻辣兔、虎眼等各樣細糖。凡平時所擺玩石榴等花樹俱連盆入窖。吃牛乳、乳餅、奶皮、奶窩、酥糕、鮑螺，直至春二月方止。

十一月，是月也，百官傳戴暖耳。此月糟醃豬蹄尾、鵝肫掌。吃炙羊肉、羊肉包、扁食、餛飩，以為陽生之義。冬筍到，則不惜重價買之。每日清晨吃爐湯，吃生炒肉、渾以禦寒。

十二月，初一日起，便家家買豬醃肉。吃灌腸、吃油渣鹵煮豬頭、燴羊頭、爆炒羊肚、炸鐵腳小雀加雞子、清蒸牛乳白酒糟蚶、糟蟹、炸銀魚等、醋熘鮮鯽魚鯉魚。欽賞臘八雜果粥米。是月也，進暖洞薰開牡丹等花。初八日，吃臘八粥[3]。先期數日將紅棗槌破泡湯，至初八早，加粳米、白米、核桃仁、菱米煮粥，供佛聖前、

---

1 躧藕：躧，同「屣」，躞著鞋走。這裡指躞著鞋在西苑池塘中采藕。
2 「團圓餅」：明代起有大量關於月餅的記載，這時的月餅已是圓形，而且只在中秋節吃，是明代民間盛行的中秋節祭月時的主要供品。《帝京景物略》曰：「八月十五祭月，其祭果餅必圓。」「家設月光位於月所出方，向月而拜，則焚月光紙，撤所供，散之家人必遍。月餅月果，戚屬饋相報，餅有徑二尺者。」月餅寓意團圓，也應該是明朝開始的。
3 臘八粥：又名七寶五味粥，是以桃仁、松子、栗子、柿子、紅豆、糯米等做成。由於它原是佛教的施齋供品，又稱佛粥。對此，明代史籍中記述甚多。如《帝京景物略》卷二載，明代北京民間，每逢此節時，民人每家均效仿庵寺，以豆果雜米為粥，供而朝食，曰臘八粥。

户牖、圍樹、井灶之上[1]，各分布之。舉家皆吃，或亦互相饋送，誇精美也。廿四日祭灶，蒸點心辦年，競買時興紬緞制新衣，以示侈美豪富。三十日，歲暮守歲。乾清宮丹墀內，自廿四日起，至次年正月十七日止，每旦晝間放炮，遇大風暫止半日、一日。……凡宮眷所飲食，皆本人所關賞賜置買，雇貧窮宮人，在內炊爨烹飪。其手段高者，每月工食可得數兩，而零星賞賜不與焉。凡煮飯之米，必揀簸整潔，而香油、甜醬、豆豉、醬油、醋，一應雜料，俱不惜重價自外置辦入也。凡宮眷內臣所用，皆炙煿煎炸厚味。遇有疾，服藥多自己任意糊塗調治，不肯忌口。總之宮眷所重者，善烹調之內官，而各衙門內官，所最喜者又手段高之廚役也。

節日期間的飲食活動最為活躍，餐桌說盡是美味佳餚。這段時間也是宮廷廚師大顯身手的時候，可以盡情展示自己的烹調技藝。劉若愚最後總結說：「總之，宮眷所重者，善烹調之內官；而各衙門內臣所最喜者，又手段高之廚役也。」

從上述所描述的宮廷節日飲食中，我們看到了明代皇家的大富大貴，他們盡享著天下所有的美食——大江南北、天上地下、肉品素食、茶酒果蔬，無所不備。顯示了皇家至高無上的權力。

而這所有的美食都是與一年中的節令對應搭配的，重農時、守節令，這是中國農耕飲食文化的獨有風景，在宮廷飲食文化中達到了極致。其中，自始至終貫穿著「醫食同源」這一中國傳統的養生觀念。在漢族人執政的明代，表現了對中華民族傳統文化的恪守。

皇家與民間一樣，同樣在享用美食的同時賦予其美好的寓意，或祈盼健康長壽、或祈盼團圓和睦、吉祥如意，在皇家的祈盼中又多了一分萬世一系、皇統流長的祈願。

---

1 明代，每逢灶神節時，民間要製作各種食品祭奠灶神，並進行有關的飲食活動。如《帝京景物略》卷二說，臘月二十四日灶神節，民間要以糖劑餅、黍糕、棗栗、胡桃、炒豆祀灶君，以糟草秣供灶君馬。

三、明代宮廷御膳的特點

明代宮廷御膳的特點之一是具有明顯的等級，這從明代的宮廷食單中可見其端倪。

萬曆年間張鼎的《寶日堂雜鈔》抄錄了一份萬曆三十九年（西元1611年）正月的宮廷膳食用料，主要系羅列宮膳所用食品的分量及其花費銀兩的數字。此書並未付梓，但在北京圖書館有鈔本，以此書為主要藍本，我們可以大致複製當時宮廷的所飲所食。

其中有神宗的食單和神宗的母親慈聖皇太后的食單，這兩個食單中都有「奶子」（即牛奶）一款，神宗食單中的用量是「奶子廿斤」，皇太后的用量是「奶子六十斤」。值得注意的是，在諸王、公主的膳食中，均沒有「奶子」，而只有「乳餅」一項。在明代的宮膳中，只有太后、皇帝、皇后、妃嬪等人能飲牛乳；至於兒女們則是吃乳餅了。這種安排，呈現了相當明顯的等級性。如果我們再看皇室成員之外的其他人役的膳食，更可以發現這樣的情況。總之，明代宮膳的用料，與當事人的身分是要相吻合的。

其二是，明朝的宮廷御酒房可以製作許多種酒，這也是明代御膳的一大特色。大內有御酒房，「專造竹葉青等各樣酒」[1]。還有五味湯、真珠紅、長春酒以及金莖露、太禧白、滿殿香等。著名的「蓮花白酒」就是明代萬曆年間的佳釀，已有四百多年歷史，初期是由宮廷釀製的御酒，清代進一步發展，並有文字記載。當時太液池內荷花眾多，「孝欽後每令小閹采其蕊，加藥料，製成佳釀」。此酒「其味清醇，玉液瓊漿，不能過也。」明中葉，有一種叫「廊下內酒」的宮廷酒流傳在北京城內。在明宮御酒房的後牆附近，曾有「棗樹森郁，其實甜脆異常，眾長隨各以曲做酒，貨賣為生」，「都人所謂『廊下內酒』是也。」[2]

其三特點是御膳的北方化、平民化。明代定鼎南京，宮廷原尚南味。成祖遷都

1　劉若愚：《明宮史》木集「御酒房」，北京古籍出版社，1980年。
2　劉若愚：《明宮史》金集，北京古籍出版社，1980年。

燕京，南宮御廚有北上者，但原料多用燕都當地之產品，故宮中飲食兼有南北兩味。宮中飲食曾受蒙元之影響，蒙漢兩宜，但以漢食為主體。明宮廷飲食與之前的元代及之後的清代均有所不同，元代和清代為少數民族入主，其御膳主要保持本民族特色，而明代宮廷飲食顯然與游牧民族迥然有別，食料中帶有大量的菜蔬。而這些菜蔬似乎也是平民可以食用到的。於是，明宮廷膳食便具有了一些家常菜的特點。

明代宮廷御膳中不僅副食帶有平民的味道，主食也同樣在向市民靠攏。萬曆年間《事物紺珠》中的「國朝御膳米麵品略」條，記載了御膳中的米麵食包括：捻尖饅頭、八寶饅頭、攢餡饅頭、蒸卷、海清卷子、蝴蝶卷子；大蒸餅、椒鹽餅、豆餅、澄沙餅、夾糖餅、芝麻燒餅、奶皮燒餅、薄脆餅、梅花燒餅、金花餅、寶妝餅、銀錠餅、方勝餅、菊花餅、葵花餅、芙蓉花餅、古老錢餅、石榴花餅、金磚餅、靈芝餅、犀角餅、如意餅、荷花餅……等數十種，又有剪刀麵（麵片）、雞蛋麵、白切麵等多種麵食。這些主食品種大多在大街小巷都可以買到，所不同的是宮廷麵食的製作肯定更為精細。

在宮廷御膳中，饅頭、花捲、燒餅、餃子、麵片、麵條等麵食占據了主食的地位，南方的米食在當中僅僅是作為陪襯。這種飲食結構客觀地說明，宮廷御膳的主食已經完全北方化了。

其四是，節儉與奢華共存。清初宋起鳳在《稗說》卷四中述及崇禎皇帝的膳食，崇禎皇帝用膳時，膳房按例會擺設一些粗菜，因此「民間時令小菜、小食亦畢集」。其中，小菜有苦菜根、苦菜葉、蒲公英、蘆根、蒲苗、棗芽、苦瓜、齏芹、野薤等。小點心有用倉粟小米、稗子、高粱、艾汁、雜豆、乾糇餌、榆錢做的小點以及麥粥、菝粸（shēn）等。這些小菜、小點心，均依季節進呈，未曾中斷。另據孫承澤的《典禮記》（借月山房匯抄本）記載，明代宮廷喜歡食品的「薦新」，其中素食、果蔬占有很大比重，這些「薦新品物」有：正月：韭菜、生菜、雞子、鴨子；二月：芹菜、薹菜、蔞蒿、鵝；三月：茶、筍、鯉魚；四月：櫻桃、杏子、青梅、王瓜、雉雞；五月：桃子、李子、來禽、茄子、大麥仁、小麥麵、雞；六月：

蓮蓬、甜瓜、西瓜、冬瓜；七月：棗子、葡萄、鮮菱、芡實、雪梨；八月：藕、芋苗、茭白、嫩薑、粳米、粟米、稷米、鱖魚；九月：橙子、栗子、小紅豆、砂糖、魴魚；十月：柑子、橘子、山藥、兔、蜜；十一月：甘蔗、蕎麥麵、紅豆、鹿、兔；十二月：菠菜、芥菜、鯽魚、白魚。

可以看到，在這些「薦新」品種中並沒有山珍海錯，更多的是一些果蔬和粗糧，明代御膳之所以有此定製，委實是明帝先祖為了讓「子孫知外間辛苦」而設。據說太祖怕子孫不知民間疾苦，故在御膳中確定了品嚐民間粗茶淡飯係祖宗定下的飲食規矩。這是在明代御膳中最具有制度性、且未更動的部分。但隨著飲食奢侈之風在宮中蔓延，此規矩在後來可能流於形式，但明代御膳中宮廷與平民特色兼具，節儉與奢華同時共存的現象的確是相當特殊。

四、明代宮廷飲食禮儀

明代最為隆重的筵席是大宴，又名「大饗」，是古代宴禮最高的一級，漢代、唐代和宋代都曾經舉行。明代的宴請有大宴、中宴、常宴、小宴四種形式，大宴禮儀在明代屬嘉禮的一種，一般在國家有重大慶典或正旦、冬至等節日時舉行，體現了以農耕文化為核心的飲食文化。大宴由禮部主辦，光祿寺籌備。《明史》對宮廷大宴的禮儀程序有詳細載錄：

「凡大饗，尚寶司設御座於奉天殿，錦衣衛設黃麾於殿外之東西，金吾等衛設

▶圖7-4　明代永樂年間青花折枝
　　　　葡萄紋盤（趙萊蕻攝影）

護衛官二十四人於殿東西。教坊司設九奏樂歌於殿內，設大樂於殿外，立三舞雜隊於殿下。光祿寺設酒亭於御座下西，膳亭於御座下東，珍羞醯醢亭於酒膳亭之東西。設御筵於御座東西，設皇太子座於御座東，西向，諸王以次南，東西相向。群臣四品以上位於殿內，五品以下位於東西廡，司壺、尚酒、尚食各供事。至期，儀禮司請升座。駕興，大樂作。升座，樂止。鳴鞭，皇太子親王上殿。文武官四品以上由東西門入，立殿中，五品以下立丹墀，贊拜如儀。光祿寺進御筵，大樂作。至御前，樂止。內官進花。光祿寺開爵注酒，詣御前，進第一爵。教坊司奏《炎精之曲》。樂作，內外官皆跪，教坊司跪奏進酒。飲畢，樂止。眾官俯伏，興，贊拜如儀。各就位坐，序班詣群臣散花。

進第二爵，奏《皇風之曲》。樂作，光祿寺酌酒御前，序班酌群臣酒。皇帝舉酒，群臣亦舉酒，樂止。進湯，鼓吹響節前導，至殿外，鼓吹止。殿上樂作，群臣起立，光祿寺官進湯，群臣復坐。序班供群臣湯。皇帝舉箸，群臣亦舉箸，贊饌成，樂止。武舞入，奏《平定天下之舞》。

第三爵，奏《眷皇明之曲》。樂作，進酒如初。樂止，奏《撫安四夷之舞》。

第四爵，奏《天道傳之曲》，進酒、進湯如初，奏《車書會同之舞》。

第五爵，奏《振皇綱之曲》，進酒如初，奏《百戲承應舞》。

第六爵，奏《金陵之曲》，進酒、進湯如初，奏《八蠻獻寶舞》。

第七爵，奏《長楊之曲》，進酒如初，奏《採蓮隊子舞》。

第八爵，奏《芳醴之曲》，進酒、進湯如初，奏《魚躍於淵舞》。

第九爵，奏《駕六龍之曲》，進酒如初。光祿寺收御爵，序班收群臣盞。進湯，進大膳，大樂作，群臣起立，進訖復坐，序班供群臣飯食。訖，贊膳成，樂止。撤膳，奏《百花隊舞》。

贊撤案，光祿寺撤御案，序班撤群臣案。贊宴成，群臣皆出席，北向立。贊拜如儀，群臣分東西立。儀禮司奏禮畢，駕興，樂止，以次出。其中宴禮如前，但進七爵。常宴如中宴，但一拜三叩頭，進酒或三或五而止。」

這種宮廷宴會，更多的意義在於通過這些禮制來體現皇室至高無上的權威，反

中國飲食文化史　京津地區卷・上冊

映出皇恩浩蕩、四海平定、諸夷臣服、歌舞昇平的盛世景象；另外也傳達出皇帝與百官同樂的一種象徵意義。

明代帝后宮廷飲食及其筵宴有三個突出的特點：一是對與宴者有嚴格的等級規定與限制；二是筵宴的政治氣氛濃郁，賜宴者與與宴者並不僅限於滿足其生理飲食的需求，而是通過筵宴這種形式實現並達到各種政治目的；三是宮廷的筵宴嚴格遵守傳統禮儀的規範，不厭其繁瑣。這是古代禮制在筵宴中的具體體現。[1]

明宮廷大宴中的菜品，多取吉祥之意命名，如「三陽開泰」「四海上壽」「五嶽朝天」「百鳥朝鳳」「龍鳳呈祥」等。整個筵席也有命名，多以皇家江山穩定、福壽並臻之意命名。如「江山萬代席」「福祿壽喜宴」「萬壽無疆宴」等。每逢年節、重大慶典，這些向皇帝祝頌之詞是必不可少的。

明代宮廷設有掌管飲食的龐大機構，光祿寺，即是與禮部精膳司相關的機構，掌管祭享、筵宴、宮廷膳饈之事，負責祭拜及一切報捷盟會、重要儀式、接待使臣等有關宴會等事宜。光祿寺下設大官、珍羞、良醞、掌醢四個署。

大官署，掌管供祭品宮膳、節令筵席、番使宴犒等；

珍羞署，掌管供宮膳肴核之事；

良醞署，掌管供酒醴等事；

掌醢署，掌管供油、醬、鹽等。

明代宮廷中還設「二十四衙門」為皇家事務辦理機構。負責宮廷飲食的稱「尚食局」。下設司膳、司醞（醬）、司藥、司饎四司。

司膳，掌切、割、烹、煎之事。典膳、掌膳佐之。

司醞，掌宮廷釀酒、製醬、醋及各種調料、飲料。典醞、掌醞佐之。

司藥，掌藥方、藥物檢查、驗方諸事，典藥、掌藥佐之。

司饎，掌宮中廩餼（xì）薪炭之事，典膳、掌膳佐之。

1　王熹：《中國明代習俗史》，人民出版社，1994年，第33-34頁。

尚膳，監「尚食局」統領四司，掌宮廷御膳與宮內食用之物及監督光祿寺供奉宮內諸筵宴飲食、果、酒等供應。

　　明代宮廷宴飲，一方面是節日和其他儀式活動的需要，通過宴飲烘托節日和儀式的氣氛，同時享受美食；另一方面則出於政治的考量，通過筵宴籠絡人心，確立官員們的身分地位。「明代宮廷的筵宴與帝后的年節飲膳，既因宮中政治、經濟條件無比優越，皇權的至高無上、皇家的富貴顯赫，從而使得這些宮中筵宴華貴、典雅、莊重、等級森嚴，且禮儀繁縟；更因其政治色彩濃烈，故宮筵參加者們的政治『食慾』，遠遠大於其生理食慾的需求。」[1]

1　王熹：《中國明代習俗史》，人民出版社，**1994**年，第**25**頁。

第八章　清朝時期

清朝是由中國滿族建立的封建王朝，是中國歷史上統一全國的大王朝之一。西元一六一六年，努爾哈赤征服建州女真各部後建立了後金政權。西元一六三六年改國號為清，西元一六四四年清兵入主中原，開始了清朝的統治。清朝前後延續了268年，直到一九一一的辛亥革命才告終結。

清朝開疆拓土，鼎盛時領土達1300多萬平方公里。清朝的人口數也是歷代封建王朝中最高的，清末時達到四億以上。清初為緩和階級矛盾，實行獎勵墾荒、減免捐稅的政策，內地和邊疆的社會經濟都有所發展。各民族間政治、經濟、文化的交流更為頻繁，關係更為融洽。清朝時期，美洲農作物玉米、蕃薯、馬鈴薯在中國得以推廣，並成為北京城市居民的日常副食。

清朝作為中國歷史上的最後一個封建王朝，也將封建社會的飲食文化推向了巔峰，烹飪規模不斷擴大，烹調技藝水平不斷提高，餐飲業更加繁榮，把中國古代飲食文化，尤其是宮廷飲食文化發展到了登峰造極、歎為觀止的境界。

第一節 飲食文化的時代個性

一、匯聚八方的飲食文化

元、明、清三代，特別是清代，各地方風味特色有明顯發展，清代徐珂《清稗類鈔》「各省特色之肴饌」一節說：「肴饌之有特色者，如京師、山東、四川、廣東、福建、江寧、蘇州、鎮江、揚州、淮安。」在川、魯、蘇、粵四大菜系的基礎上，又增加了閩菜、京菜、湘菜、徽菜，成為八大菜系。京菜就是在有清一代確立起來的，具體說是在滿人進京之後開始形成的。北京菜是多元飲食文化的積澱與集萃，處處散發出誘人的芳香：烤肉、涮肉中飄溢出遊牧民族的剽悍性格，清真烤鴨中的大蔥甜醬浸透著率直真誠的齊魯民風，八寶蓮子粥中滿含江南人的細膩情調，油炸餕子帶著西域風情的餘韻；爆羊肉的火爆，醬牛肉的醇厚，

豆汁的獨特韻味，豆腐腦的色味俱佳……可謂是琳瑯滿目，異彩紛呈。京菜融合了八方風味，因此烹調手法極其豐富，諸如烤涮爆炒、炸烙煎燴、扒熘燒燎、蒸煮氽燴、煨燜煸熬、塌燜醃熏、鹵拌熗泡以及烘焙拔絲等，具有鮮明的文化特色。

北京作為清朝的全國政治中心，皇室貴族、官僚紳士、大戶人家雲集，可謂八方輻輳，五方雜處，來自全國各地、各族、各層各界的飲食文化源源不斷地輸送到了北京，在長期的文化碰撞、吸納與交融中，形成如下文化特色。

首先，占統治地位的滿族飲食風味湧入北京。清宮廷筵宴大多保留了滿族傳統。據清代富察敦崇《燕京歲時記》記載，每到年底仍例關外風俗行「狍鹿賞」：「每至十二月，分賞王大臣等狍鹿。屆時由內務府知照，自行領取。三品以下不預也。」皇帝向滿、蒙、漢八旗軍的有功之臣頒賜東北野味。屆時，北京城內分設關東貨場，專門出售東北的狍、鹿、熊掌、駝峰、鱘鰉魚，使遠離家鄉故土的八旗士兵和眷屬，身在異地也能夠吃到家鄉風味。正如《北京竹枝詞》中所寫到的一樣：「關東貨始到京城，各路全開狍鹿棚。鹿尾鯉魚風味別，發祥水土想陪京。」

其次，「會館」彙集了八方風味。從全國各地客居北京的達官貴人也大有人在，為了滿足他們在北京活動和聚集的需要，大量的會館應運而生。清代劉體仁《異辭錄》說：「京師為各方人民聚集之所，派別既多，桑梓益視為重，於是設會館以為公共之處。始而省會，繼而府縣，各處林立。」除了傳統的年節，許多會館還有每月初一大聚，十五小聚的慣例。以聚餐形式為多。聚餐是共進家鄉風味，與會者輪流做東，由做東者的家廚或會館中的鄉廚掌勺。所以會館聚餐桌上是純正的家鄉風味。[1]會館中的餐飲保持了各地的飲食風味，成為北京飲食匯聚八方的重要表徵。

第三，四方達官貴人的雲集，形成了高消費階層，也必然推動飲食商業文化的發達，清楊靜亭《道光都門紀略》亦載：「京師最尚繁華，市塵鋪戶，妝飾富甲天

1　尹慶民、方彪：《皇城下的市井與士文化》，光明日報出版社，2006年，第214頁。

下，如大柵欄、珠寶市、西河沿、琉璃廠之銀樓緞號，以及茶葉鋪、靴鋪，皆雕樑畫棟，金碧輝煌，令人目迷五色，至肉市酒樓飯館，張燈列燭，猜拳行令，夜夜元宵，非他處所可及也。」由此可窺京都飲食商業盛況之一斑。商業尤其是飲食業的發達促進了食品的交換和流通，外地飲食風味源源不斷進入北京，以滿足四方達官貴人的口味需求。富有典型意義是餑餑鋪。當時北京的一些餑餑鋪門外的招幌大多是以漢、滿、蒙等幾種文字書寫的。雖然早在明朝的時候，北遷的南方人就在京城開辦有不少南果鋪，但滿漢餑餑鋪始終固守著重視奶製品的飲食習俗。清代的餑餑糕點以此為正宗，以此為榮，與中原的、南方的糕點存在著明顯的區別。在一座城市中，同樣一種食品風味迥異，南北兩派各行其道，這在其他城市是罕見的。

近代以後，西洋飲食文化也在北京傳播發展。明末清初，真正開了「洋葷」的是貴族階層，舶來品中「巴斯第裡的葡萄紅露酒、葡萄黃露酒、白葡萄酒、紅葡萄酒和玫瑰露、薔薇露」等西洋名酒及其特產，已然在宮廷、王府和權貴之家的飲宴上可以見到。這些不同地域、不同流派的飲食文化在北京經過長時間的發展演化，最終形成了別具特色的京味飲食文化。

二、時代特徵的具體體現

清朝北京飲食文化是北京古代飲食文化的集大成者，它代表了整個封建社會時期的最高水平，在中國飲食文化體系中具有不可替代的崇高地位。

首先，民族飲食文化的融合得到最為充分的顯現。有清一代，滿族入關，主政中原，發生了第四次民族文化大交融。漢族佳餚美點滿族化、回族化和滿、蒙、回等兄弟民族食品的漢族化，是北京境內各民族飲食交流的一個特點。據《清朝野史大觀》記載：「滿人嗜麵，不常嗜米，種類繁多，有炸者、蒸者、炒者，製之以糖，或以椒鹽，或做成龍形、蝴蝶形，以及花卉形。」這是對滿族人愛吃麵食的印證。滿族人喜吃麵食，麵食中又喜歡吃黏食。這是因為黏食耐餓，又便於攜帶。至今黏食也是滿族人喜歡吃的主食之一，如黏玉米、黏黍子、黏高粱等做成的各種餑餑。

滿族人也喜歡吃甜食，如芙蓉糕、綠豆糕、豌豆黃等各種點心。滿族人入關以後，其飲食習俗對北京地區產生了重大影響，至今在許多方面還深刻地體現出來。[1]奶皮元宵、奶子粽、奶子月餅、奶皮花糕等是北京漢族食品滿族化的生動體現。清宮廷裡有內餑餑房、外餑餑房，其品種有薩其瑪、芙蓉糕、綠豆糕、豆麵卷子（俗叫「驢打滾兒」）、豌豆黃、蘇葉餅、油炸糕等，其麵食的副食品有勒克（小炸食）、蜜餞等，北京直到今天還流行著「滿點漢菜」之說。回回小吃豌豆黃，清真菜塔斯蜜（今寫作「它似蜜」），壯族傳統名食荷葉包飯等也發展成為清代北京城酒樓、餑餑鋪和飲食店的名菜、名點廣為流傳。蒙古果子、蒙古肉餅、回疆烤包子等也都在京城流行。

其次，宮廷飲食文化是中國飲食文化最特殊的一部分，主要指皇帝、皇室與宮廷的各種飲膳活動。有清一代，宮廷飲食文化演進得更加完備，達到了不可超越的巔峰境界。統治集團慾壑難填的口味追求，以及社會相對安定和各地物產的富庶，為宮廷飲食的輝煌提供了根本性的條件。清代宮廷飲膳重要的文化特徵和主要歷史成就，就是它「富麗典雅而含蓄凝重，華貴尊榮而精細真實，程儀莊嚴而氣勢恢宏，外形美和內在美高度統一的風格」[2]。

第三，清代官府和貴族飲食支撐起了整個清代飲食文化的大廈。官府和貴族的家宴，引領了飲食文化的時代潮流，成為清代飲食文化的重要組成部分。官府菜與官府文化關係密切，其中承載了官宦家族及歷史事件的記憶，記錄著一個家族興衰的發展過程。

中國的農耕文化造就了中國人重歷史、重家庭和傳統技藝（包括特殊的烹調、釀造等方面的技術）的傳統，使這些「祖傳」的烹飪手藝得以流傳，並世代以自己的實踐經驗加以補充，精益求精。中國歷史上突出的「累世同居」，則提供了廚房經驗家族傳承的條件，這是中國烹飪發達的又一極為重要的原因。俗話所謂「三輩

1　張秀榮：《滿族的飲食文化對北京地區的影響》，《北京歷史文化研究》，2007年第1期。
2　趙榮光：《滿漢全席源流考述》，崑崙出版社，2003年，第359頁。

學穿，五輩學吃」說出了這一道理。

官府菜是個比較獨特的菜系。清代北京官府奢華排場，府中多講求美食，其時，「家蓄美廚，競比成風」，官府間的美食佳餚各有千秋，呈現鮮明的家族風格。康熙年間王士禛《居易錄》曰：「近京師筵席多尚異味，予酒次戲占絕句云：「灤鯽黃羊滿玉盤，萊雞紫蟹等閒看。不如隨分閒茶飯，春韭秋菘未是難。」」官府飲食水平處於民間與宮廷之間，既沒有宮廷飲食的恢宏與奢華，也遠非尋常百姓家可以比擬。官府、大宅門內都僱有廚師，個個身手不凡。這些廚師來自四面八方，呈現了官員家鄉鮮明的地域特色及獨創個性。清朝北京諸多官員傾心於家鄉飲食，並喜歡研究各地的美味及飲食風俗，他們還親自把各地的風味菜品在官府精心彙集、融合，創製出不少佳餚名點。至今流傳的潘魚、宮保肉丁、李鴻章雜燴、組庵魚翅、左公雞、北京白肉等，都出自官府。官府菜大氣而精細，具有較高的文化品位，可以說官府菜是融匯宮廷御膳與民間美食並加以創新的搖籃。

官府菜門派眾多，但最終得以發展並流傳至今的卻是譚家菜。舊京人士幾乎無人不知譚家菜。老北京曾有「戲界無腔不學譚」即指京劇名家譚鑫培，「食界無口不誇譚」指譚家菜，將譚家菜和當時京劇界領袖、泰斗譚鑫培並稱，其地位之高可以想見。翰林譚宗浚酷愛珍饈美味，亦好客酬友；常於家中炮龍蒸鳳，沉迷膏粱，中國飲食文化史上唯一由翰林烹製的菜餚由此發祥。由於譚家菜的味道極為醇美和譚宗浚的翰林地位，使得京師官僚品譚家菜一時成為時尚，這種私家菜宴客的方式，亦可視為中國私家會館的發端。譚家菜的精髓已經成了後人口耳相傳的口訣：「選料精、下料狠、火候足、口味正」。譚家菜最大的長處在於它把糖鹽各半的南北口味完美中和，使譚家菜名揚京城。同時也完成了家庭傳承式的烹飪技藝的接續。

第四，清朝民間市井飲食的發展已經定型，最能體現北京民間市井飲食風格的烹飪技藝和食品花樣均已確立，特色名點得到北京人乃至外地人們的普遍認同。在北京清代飲食文化中，民間市井飲食占主體地位。北京名食既有出自宮廷的，也有來自民間市井的，它們最終都回歸民間市井。這些市井飲食既包括各種各樣飯館、膳莊的精緻大菜和名點，又包括街頭巷尾小鋪食攤的吃食，內容十分豐富。

老百姓平日主食以小麥和雜糧為主。殷實人家常吃炸醬麵。「食雜糧者居十之七八⋯⋯不但貧民食雜糧，即中等以上小康人家，亦無不食雜糧。雜糧以玉蜀黍為最多，俗名玉米。」[1]麵食，花樣極多。《清高宗實錄》說：「京師百萬戶，食麥者多。即市肆日售餅餌，亦取資麥麵。」說明了麵食在北京人飲食結構中的主食地位，大米是北京人的輔食。北京人日食三餐，以午、晚為主。早飯稱早點，或去早點鋪購買，或在家吃頭天的剩飯。舊時大宅門裡的早點多由指定的早點鋪子送上門，品種也是市面上常見的燒餅、炸糕、粳米粥之類。名點有原為清宮小吃的千層糕（88層），隨著清王朝建都北京而出現的薩其瑪，還有「致美齋」的名點蘿蔔絲餅，譚家菜中的名點麻茸包，「正明齋」的糕點，「月盛齋」的醬牛肉，「天福號」的醬肘子，「六必居」和「天源醬園」的醬菜，「通三益」的秋梨膏，「信遠齋」的酸梅湯等。[2]這些名家的名食，是北京市井飲食的重要組成部分，為北京人的飲食生活增添了光彩。

在曹禺先生的話劇《北京人》第二幕中，一位好吃、會吃，到最好的地方吃的北京人江泰有一段長長的台詞：「正陽樓的涮羊肉，便宜坊的燜爐鴨，同和居的烤

▶圖8-1 清末前門大街商業區（山本贊七郎攝影，肖正剛提供）

1 李家瑞編：《北平風俗類徵》「器用」，商務印書館，影印本，**1937**年，第**250**、**253**頁。
2 魯克才主編：《中華民族飲食風俗大觀》，世界知識出版社，**1992**年，第**2**頁。

饅頭，東興樓的烏魚蛋，致美齋的燴鴨條。……灶溫的爛肉麵，穆柯寨的炒疙瘩，金家樓的湯爆肚，都一處的炸三角，……月盛齋的醬羊肉，六必居的醬菜，王致和的臭豆腐，信遠齋的酸梅湯，二妙堂的合碗酪，恩德元的包子，沙鍋居的白肉，杏花春的花彫」。這些北京城中的風味飲食，或正餐、或小吃、或酒水，均出於北京大大小小的各類飯莊店鋪，是北京市井飲食的標誌性品牌，是京城百姓藉以鄉情的吃食。

第五，素食風味臻於完美。清代素菜較之以前有了更大的發展，出現了寺院素食、宮廷素食和民間素食的分野。寺院素食又稱「釋菜」，僧廚則稱「香積廚」，取「香積佛及香飯」之義，一般烹調簡單，品種不繁，且有就地取材的特點。寺院素菜中最著名者為「羅漢齋」，又名「羅漢菜」，是以金針、木耳、筍等十幾樣幹鮮菜類為原料製成，菜品典自釋迦牟尼的弟子十八羅漢之意。乾隆皇帝游江南時，到很多寺院去吃素菜，在常州天寧寺「進午膳。主僧以素肴進，食而甘之，乃笑語主僧曰：『勝鹿脯、熊掌萬萬矣。』」在民間傳為佳話。這也說明，寺院庵觀的僧尼們在烹調素菜方面確有獨到之處。清朝皇帝在吃膩了山珍海味、雞鴨魚肉之餘，也想吃吃素食。尤其是在齋戒日更需避葷。為此，清官御膳房專設有素局，據史料載，僅光緒朝，御膳房素局就有御廚二十七人之多。民間的素菜館也嶄露頭角。在清道光年間，北京民間就已出現素菜館，為了滿足各類人的口味需求，招徠生意，民間素菜館的廚師們發明了「以素托葷」的烹調術，即以真素之原料，仿葷菜之做法，力求名同、形似、味似，因而民間素菜館的素菜品種較宮廷與寺院素食更為豐富多彩。

第二節　清代宮廷飲食文化

一、大興豪飲奢華之風

滿族貴族建立起清王朝之後，他們在飲食方面便有了更高的追求，正如有的學

者所指出的：「到清代中期，宮廷飲食不僅滿漢融合日久，而且南北風味滲透更深。特別是乾隆帝多次去曲阜、下江南，大興豪飲奢華之風，品嚐美味，眼界大開。除每日以南味食品為食外，還將江南名廚高手召進宮廷，為皇家飲食變換花樣。……清代皇帝不僅要「食天下」花樣翻新，還要占有烹飪技術才能滿足他膨脹的胃口。所以，清代宮廷飲食形成了薈萃南北，融匯東西的特色。」[1]

　　清代宮廷飲食也是在民間飲食的基礎上發展起來的。宮廷在充分吸納民間飲食精華的同時，又將這些民間飲食推向奢華的檔次。以應節食品為例，最初只是由民間食俗發展起來的節令食品，一旦被最高統治者看重並納入宮廷節日食品，原料、做法和形式上便漸由質樸變得奢華。受其影響，民間便爭相倣傚、攀比。譬如「臘八粥」，原初所用原料不過是常食之物，湊足八樣，和而煮之而已。自元以降，宮廷亦行煮臘八粥，元代、明代均有記載。清代宮廷更加重視臘八粥，光緒《順天府志》中說：「臘八粥，一名「八寶粥」。每歲臘月八日，雍和宮熬粥，定製，派大臣監視，蓋供上膳焉。」當時宮廷臘八粥的原料有糯米、粳米、黃米、小米、赤白二

▲圖8-2　清代嘉慶年間青花纏枝蓮托八吉祥紋執壺（趙蓁龘攝影）

▲圖8-3　清代雍正年間青花折枝花卉四足湯盤

1　苑洪琪：《中國的宮廷飲食》，臺灣商務印書館，1998年，第20頁。

豆、黃豆、芸豆、三仁（桃仁、榛仁、瓜子仁）、飴糖等，把以上原料混合加水而煮。並適時摻入栗子、蓮子、桂圓、百合、蜜棗、青梅、芡實等果料，每年清宮煮粥耗費的銀子竟達十二萬四千餘兩。這種靡費，自然會波及民間。晚清以後，一般富裕人家竟相以臘八粥的原料名貴、多樣為時尚。

清代宮廷設立了專門管理御膳的機構。「內務府」是清代管理宮禁事務的機構，清世祖入關後設置。內務府下設「御茶膳房」和「掌關防管理內管領事務處」，負責皇宮日常膳食。其機構設有內膳房、外膳房、肉房、乾肉庫，專門負責皇帝的飯菜、糕點和飲品。御膳房逐日將皇帝的早、晚飯開列清單，通稱膳單，呈內務府大臣批准，然後按單烹飪。有總管太監三員、首領太監十名、太監一百名，「專司上用膳饈、各宮饌品、節令宴席，隨侍坐更等事。」當時，紫禁城裡有大大小小數不清的膳房。御膳房到底有多少人，從無準確統計，只知道「養心殿御膳房」一處就有數百人。清代宮廷檔案中，有一份保存了近兩億字的膳事實錄——《御茶膳房》檔案。這是研究清代宮廷飲食生活以及清代社會文化等不可或缺的一個實錄資料庫。

皇帝吃的飯食叫「御膳」，吃飯稱「傳膳」或「進膳」。清代皇帝每日兩次正餐，早膳在辰時（7-9點），晚膳在未時（1-3點），外加兩次點心或酒膳。皇帝吃飯無固定地點，大多在寢宮或辦事地點「傳膳」。皇帝所食飯菜十分講究，不僅要色、香、味俱全，還要葷素搭配，鹹甜皆有，湯飯並用，營養豐富。以乾隆五十四年正月初二日早膳為例：卯正三刻（5-7點），「養心殿進早膳，用填漆花膳桌擺：燕窩掛爐鴨子掛爐肉野意熱鍋一品，燕窩口蘑鍋燒雞熱鍋一品，炒雞燉凍豆腐熱鍋一品，肉絲水筍絲熱鍋一品，額思克森一品，清蒸鴨子燒狍肉攢盤一品，鹿尾羊烏義攢盤一品，竹節卷小饅首一品，匙子餑餑紅糕一品，年年糕一品，琺瑯葵花盒小菜一品，琺瑯碟小菜四品，鹹肉一碟，隨送鴨子三鮮麵進一品，雞湯膳一品。額食七桌，餑餑十五品一桌，餑餑六品、奶子十二品、青海水歡碗菜三品共一桌，盤肉十盤一桌，羊肉五方三桌，豬肉一方、鹿肉一方共

一桌。」[1]這麼多的飯菜，皇帝一個人是吃不完的，吃剩之後要用來賞賜妃嬪和大臣。

在《欽定宮中現行則例》《國朝宮室》中明確規定，依據妻妾身分、地位的不同，而享用宮廷飲食的不同等級標準：皇后、皇貴妃、貴妃、妃、嬪、貴人、常在、答應八個等級。皇帝、皇太后、皇后享受最高標準的飲食，每次進膳用全份膳四十八品（包括菜餚、小菜、餑餑、粥、湯及乾鮮果品）；每天用盤肉十六斤、湯肉十斤、豬肉十斤、羊兩隻、雞五隻、鴨三隻、蔬菜十九斤、蘿蔔（各種）六十個、蔥六斤、玉泉酒四兩、青醬三斤、醋二斤以及米、麵、香油、奶酒、酥油、蜂蜜、白糖、芝麻、核桃仁、黑棗等。皇后以下的皇貴妃、貴妃、妃、嬪等，按照等級相應遞減。皇貴妃、貴妃食半份膳（是皇帝的二分之一）二十四品，妃以下食半半份膳（是皇帝的四分之一）十二品。即使是剛剛即位、年僅七歲的同治皇帝載淳的除夕晚膳，也是杯盤疊架，席面泱泱。大體說來清宮御膳以滿洲燒烤和南菜中的魚翅、燕窩、海參、鮑魚等為主菜；以淮揚、江浙羹湯為佐菜；以滿族傳統糕點餑餑穿插其間，集京菜之大成。縱觀皇室飲食，其數量之多，用料之珍之廣，口味之豐，侍者之眾，餐具之奢，已達登峰造極之境。

二、精美的飲食器皿

清代皇帝及其皇室成員在進行筵宴時，不僅精於美食，而且重視美器，通過精美的食品和精巧的食器，來體現政治上的至尊至榮地位，以及「舉世無雙」的顯赫權勢。宮中使用的食具，有金、銀、玉、瓷、琺瑯、翡翠，以及瑪瑙製作的盤、碗、匙、筯等，都是民間所罕見的。瓷器多由江西景德鎮的官窯每年按規定大量燒造。清代康熙、雍正、乾隆三朝瓷器餐具的發展臻於鼎盛，達到歷史上的最高水平。清代受少數民族文化影響，借鑑少數民族生活用具和為適應外銷需

1　中國第一歷史檔案館：《御茶膳房・膳》218號。

▲圖8-4　清代雍正年間粉彩茶梅紋盤（趙蓁蕭攝影）　　　　▲圖8-5　清代康熙年間黃釉暗花提梁壺

要，新創了笠式碗、橄欖瓶、鈴鐺杯等，以及西洋、日本等風格的器形。在彩瓷方面除青花和五彩瓷進一步改進外，受西方繪畫的影響，康熙時期還創造了聞名中外的粉彩、琺瑯彩瓷器。在瓷器餐具上可謂是五彩繽紛。特別是在乾隆年間，官窯陶瓷餐具對功能和造型過於講究技巧、寫實，裝飾上渲染出極度精緻豪華感。

清宮御膳美食與美器的搭配高度契合，相得益彰。御膳的菜餚形態有整、豐、腴美者，亦有丁、絲、塊、條、片、泥及異形者，菜的色澤有紅、黃、棕、綠、白、黑等色，一經與恰如其分的餐具相配，則立顯大小相間，高低錯落，色彩繽紛，形質協調，組合得當，美食與美器融合為一體，構成一幅美輪美奐的藝術圖案，其意境之美妙難以名狀。

御膳房裡，除瓷器外，金銀器也很多。以道光時期為例，御膳房裡有金銀器三千多件，其中金器共重四千六百多兩（約合140多公斤），銀器重四萬多兩（約合1250多公斤）。皇帝日常進膳用各式盤碗；冬天增加熱鍋、暖碗。大宴時的御用宴，大都用玉盤碗。乾隆帝還為萬壽宴特命製了銅胎鍍金掐絲琺瑯萬壽無疆盤碗。此外，皇后、妃、嬪等還有位分盤碗，即皇后及皇太后用黃釉盤碗，貴妃、妃用黃地綠龍盤碗，嬪用藍地黃龍盤碗，貴人用綠地紫龍盤碗，常在用五彩紅龍盤碗。這些標明身分的餐具均在家宴時用，平時吃飯則用其他盤碗。

清代詩人袁枚在《隨園食單・器具須知》中說：「美食不如美器。」在某種意義上，美器媲美食更引人注意。這正說明我國歷來對飲食器具的重視。北京飲食器具集中展示了我國食具高超的工藝技藝，反映了我國人民偉大的創造力。

三、名目繁多的宮廷筵宴

清宮中除了日常膳食之外，還有名目繁多的各種筵宴。清代著名的宴會有定鼎宴、千叟宴、元日宴、冬至宴、大婚宴、凱旋宴、宗室宴、廷臣宴、恩榮宴、恭宴、大蒙古包宴等。炫耀、排場，是這些宴飲的共同特點，其中以喜慶宴最多。在這些筵宴中，元旦、冬至、萬壽節（皇帝誕辰）這三大節朝賀宴最受重視，因為「元旦」為一歲之首，「冬至」為一陽之復，「萬壽」為人君之始，因此三大節筵宴被稱為「大宴」，禮儀最為隆重。

除了大宴以外，清宮還有數不清的各種名目的筵宴。如皇太后生日的聖壽宴，皇后生日的千秋宴，皇帝大婚時的納彩宴、大征宴、合卺（jǐn，古代奉行婚禮時用作酒器的瓢，合卺即成婚）宴、團圓宴，皇子、皇孫婚禮及公主、郡主下嫁時的納彩宴、合卺宴、謝恩宴，各種節會中的節日宴、宗親宴和家宴，以及表尊老的千叟宴等。此外還有用於軍事的命將出征宴、凱旋宴，用於外交的外蕃宴，皇帝駕臨辟雍視學的臨雍宴，招待文臣的經筵宴，用於文武會試褒獎考官的出闈宴，賞賜文進

◀圖8-6　清代乾隆年間廣彩人物花鳥盆

士的恩榮宴，賞賜武進士的會武宴，實錄、會典等書開始編纂及告成日的筵宴。

王士禎的《池北偶談》記載了康熙朝的兩次賜宴：「上（康熙皇帝）優禮儒臣，癸丑賜宴瀛台，翰林官皆與。戊午，（王）士慎同陳、葉二學士內直。時四、五月間，日頒賜櫻桃、蘋果及櫻桃漿、乳酪茶、六安茶等物。其茶以黃羅緘封，上有六安州紅印。四月二十二日賜天花（蘑），特頒御筆上諭云：「朕召卿等編纂，適五台山貢到天花，鮮馨罕有，可稱佳味，特賜卿等，使知名山風土也。」」

康熙二十一年壬戌正月上元，「賜群臣宴於乾清宮，異數也。凡賜御酒者二，大學士、尚書、侍郎、學士、都御史，皆上手賜；通政使、大理卿以下則十人為一班，分左右列，命近侍賜酒，且諭：醉者令宮監扶掖。獨光祿卿馬世濟以文毅公雄鎮子，右通政陳汝器以贈兵侍前福建巡海道副使啟道子，特召至御座側賜酒，上之褒忠優厚如此。翌日，上首唱柏梁體《昇平嘉宴詩》，群臣繼和，汝器句云「勵節褒忠感賜觴」，蓋紀實云。」

這些筵宴，除內廷筵宴、宗室筵宴為內務府籌辦外，外廷筵宴主要由光祿寺負責籌辦，內務府協辦。按《大清會典》載，光祿寺掌「燕（宴）勞薦饗之政令，辦其品式，稽其經費」。寺下所屬機構主要有：大官署，負責掌祭品宮膳、節令筵席、蕃使宴犒；珍饈署，負責供備禽畜及魚、麵、茶等物；良醞署，負責釀酒及供備乳油、羊隻及牛奶等；掌醢署，負責供備鹽、醬、花椒、榛栗、香油等調料。因重視筵宴，清宮特派滿族大臣一員總理寺事。[1]

千叟宴，亦名千秋宴，為康熙五十二年創典，邀請對象是全國範圍內六十五歲以上的老人，名單由皇帝「欽定」。千叟宴是清朝宮廷的大宴之一，始於康熙，盛於乾隆期間，是清宮中的範圍最廣大，與宴者最多的浩大御宴，所謂「恩隆禮洽，為萬古未有之舉」。康熙五十二年在陽春園第一次進行千人年夜宴，玄燁帝席賦《千叟宴》詩一首，固得宴名。有清一代，共舉辦過四次，第一次是康熙五十二年（西元1713年）康熙帝六十壽辰在暢春園舉行，第二次是康熙六十一年（西元1722年）

1　李路陽：《中國清代習俗史》，人民出版社，1994年，第86-87頁。

在乾清宮舉行。兩次大宴參加人數均在一千名以上，都是六十五歲以上的老人。乾隆時期宮中又舉行過兩次千叟宴，一次在乾隆五十年（西元1785年），有三千名六十歲以上的老翁與宴，地點在乾清宮。另一次是乾隆六十一年，即嘉慶元年（西元1796年），乾隆帝為慶賀「歸政大典」告成，在寧壽宮的皇極殿設宴，與宴者包括年逾花甲的大臣、官吏、軍士、民人、匠役等五千餘人，筵開八百餘桌；並賞賜老人如意、壽杖、文綺、銀牌等物。

元日宴，也稱元旦宴、元會宴。清代例行宴會之一。禮部主辦，光祿寺供置，精膳司布置。《清史稿‧禮志七》：「元日宴，崇德初定製，設宴崇政殿。王、貝勒、貝子、公等各進筵食牲酒，外藩王、貝勒亦如之。順治十年，令親王、世子、郡王暨外藩王、貝勒各進牲酒，不足，光祿寺益之，御筵則尚膳監供備。康熙十三年罷，越數歲復故。二十三年，改燔炙為肴羹，去銀器，王以下進肴羹筵席有差。」雍正四年（西元1726年），對元日宴的儀式、陳設、席次、宴會所奏音樂及舞蹈均做了規定。

滿族大宴，清朝入關前的一種宴會。規模較大，多以招待一般身分的外部族頭人，如朝鮮使臣、明朝的降官降將、公主與額附回闕省親等。此宴帶有喜慶性質，通常由皇帝親自出席。一般設幾桌到幾十桌。多以牛羊肉為主，獸肉次

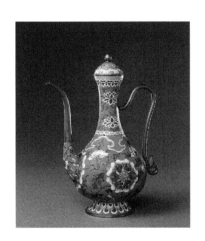

▶圖8-7　清代銅胎畫琺瑯花卉執壺

之。通常烹煮的肉食，塊大、質嫩，用解食刀割食。大宴也設酒，但只是一種禮儀。

鄉飲酒禮，於每年正月十五與十月初一各舉行一次，由各府、州、縣正印官主持，在儒學明倫堂舉行。參加鄉飲酒禮的嘉賓統稱鄉飲賓，鄉飲賓分為鄉飲大賓、鄉飲僎賓、鄉飲介賓、鄉飲眾賓，諸賓皆本籍致仕官員或年高德劭、望重鄉里者充之，鄉飲賓之人選由當地學官考察，並出具「賓約」，報知縣（或知州、知府）覆核。覆核通過後還要逐級上報，由藩台轉呈巡撫，由撫院咨送吏部，由吏部呈皇帝批准。被皇帝批准為「鄉飲賓」的人，朝廷都要賞給頂戴品級，地方政府還要贈送匾額以示祝賀。[1]由學校教官充當司正，行禮致辭說：「敦崇禮教，舉行鄉飲，非為飲食，凡我長幼，各相勸勉。為臣盡忠，為子盡孝，長幼有序，兄友弟恭，內睦宗族，外和鄉黨，毋或廢墜，以忝所生。」照搬了明代「讀律令」後的訓誡致辭。這些話倒是將鄉飲酒禮的作用講得清清楚楚。[2]它是朝廷與民間溝通的一種形式。

清代稱皇帝誕辰為「萬壽節」。獻完壽禮後，皇帝要宴請群臣。皇家的金龍大宴是格外豐盛的，並具有濃郁的滿族特色。「壽宴」共有熱菜二十品，冷菜二十品，湯菜四品，小菜四品，鮮果四品，瓜果、蜜餞果二十八品，點心、糕、餅等麵食二十九品，共計一百零九品。菜餚以雞、鴨、鵝、豬、鹿、羊、野雞、野豬為主，輔以木耳、燕窩、香蕈、蘑菇等。待皇帝入座後，宴會才開始，分別上熱菜、湯菜。進膳後，獻奶茶。畢，撤宴桌。接著擺酒膳。壽宴長達四個小時，午時擺設，未時舉行，申時結束。萬壽節宴席上珍饈佳餚十分豐盛，為四等滿席規制，筵宴禮儀十分隆重。

宮廷御膳是由國家膳食機構或以國家名義進行的飲食生活，既體現了帝王飲食的富麗典雅而含蓄凝重，華貴尊榮而精細奢華，程儀莊嚴而氣勢恢弘，又注入了強烈的政治意蘊。

1　趙爾巽等：《清史稿》志六十四《禮八》嘉禮二，中華書局，**1998**年。

2　趙爾巽等：《清史稿》志六十四《禮八》順治元年所定鄉飲酒禮制，中華書局，**1998**年。

縱觀清廷筵宴種種，我們看到了「民以食為天」的極致體現。

在中國這個古老的農耕國度裡，並非世代風調雨順、豐衣足食。回溯歷代，災荒饑饉累世不絕，因此，吃飯是這個農耕大國的第一要義，因此，人們把吃飯看得很重，這就是世代相傳的「民以食為天」。正因為如此，人們才把「飲食」的社會功能發揮到極致，用飲食表達一切美好的願望，天子、庶民無不如此，在財力富足的康乾盛世，更是淋漓盡致地得以體現，如以宴慶功、以宴賀壽、以宴和番、以宴示親、以宴慶時令等。就皇家筵宴而言，更有祈願定國安邦皇統流長的思想。這其中，貫穿著一條中華民族以農耕文化為基礎上的傳統文化思想脈絡，如尚和、重安邦、敬天、重農時、尊老、重親情、求富足等，形成中國飲食文化獨有的現象。

四、滿漢全席

「滿漢全席」是一個歷久不衰的熱門話題。進入民國時期以後，「滿漢全席」的製作也出現了不同地區特色的作法。滿漢全席的出現，反映出清代滿族與漢族飲食文化融合的歷史過程以及必然趨勢，同時也反映出上層社會物慾喪德的奢侈。

在滿漢全席問題的研究上，學界人士見仁見智，著述不少。其中，趙榮光先生的研究成果最為翔實深入，自成一家，為該領域的研究提供了許多寶貴的一手史料，傳播出許多學界先聲。這些成果集中體現在他的《滿漢全席源流考述》（下簡稱《考述》）中。

《考述》廓清了從「滿席」「漢席」→「滿漢席」→「滿漢全席」，這個不斷漸進的過程。

自康熙至嘉慶初年，還是「滿席」「漢席」分列式對應存在的階段。至道光中葉，已見有合二為一的「滿漢席」。至光緒中葉之前，始見「滿漢全席」之稱。至光緒中葉時，已在京師、上海等大城市流行。滿、漢兩種不同的文化在二百多年的時間裡，從初始對立存在的狀態，到互相滲透、結合，最後到交融合一，是民族文化融合的一個歷史過程。

《考述》在論述滿漢全席與清宮御膳的關係時，認為滿漢全席不能等同於清宮御膳，但又有承襲的關係，文章以可信的一手史料論述了滿漢全席與清宮御膳中的「添安宴」的淵源，反映了「宮廷飲食文化」對「官場飲食文化」的影響。

《考述》認為，滿漢全席後期的畸形繁榮及迅速擴張，是清末政治腐敗、經濟凋敝的產物，它徹底衝破了「官場」之禁，變成了以市肆、酒樓經營為主的存在方式，並向極端奢侈的方向發展。這種從「官場」到「市場」的轉化，可以看作是一種「文化下移」和「文化擴散」，並於民國時期出現了各大商埠因地而異的「滿漢全席」。至此，滿漢全席完全商業化了。

《考述》的可貴之處還在於，它以令人信服的一手史料，澄清了學界的一些謬誤，例如把滿漢全席稱之為「清王朝最高級的國宴」；「滿漢全席要吃兩天四頓」甚至「七七四十九天」；「《揚州畫舫錄》是「滿漢全席」的最早記錄」；「滿漢全席的菜品共有一百三十四道」等。

該研究成果使滿漢全席的研究邁上了一個新的台階。

第三節　民間飲食風尚

一、民間餐館與老字號飯莊

有清一代北京民間飲食品種繁多，特點突出，它是上千年民族飲食文化融合的產物，在中國飲食文化系統中具有獨特魅力和無可替代的地位，其中民間餐館與老字號飯莊是飲食文化的風向標。

在北京人的傳統說法中只有飯鋪、菜館、飯莊和酒樓，「餐館」一詞則來自於現代。北京最早的菜館或炒菜館興起於明代，到清代中葉得到了空前的發展。

清代前期，市面上的酒樓飯莊大多以承辦民間宴會酒席為主，但到了清代後

期，自光緒五年（西元1889年）以後，官府之間的請客宴會也進入了酒樓飯莊。[1]清代的北京飯館多種多樣，有大有小，有南有北，有中有西。中餐館大約分五種：一是切麵鋪、包子鋪、餃子鋪、餛飩鋪等，單賣麵食。二是二葷鋪子，夏仁虎的《舊京瑣記》云：「二葷館者，率為平民果腹之地。其食品不離豚雞，無烹鮮者。其中佼佼者為煤市街之百景樓，價廉而物美，但客座嘈雜耳。」只賣豬肉、羊肉炒菜，主食賣饅頭、花捲、烙餅、抻麵。所謂「二葷」，是店家備有各種烹飪作料，此為「一葷」；客人自帶魚肉交灶上加工又為「一葷」，其名曰「炒來菜兒」。有的二葷鋪就是個小酒館，店內桌椅很少，盛酒的大酒缸上放個蓋子就當待客的桌子。三是規模較小的館子但有特色菜餚者，店名往往稱某某軒、某某春，如「三義軒」「四海春」等。四是中等館子，也叫飯莊，有許多雅座，可以擺十桌八桌宴席，一般叫某某樓、某某春、某某居等。五是大飯莊，專門做紅白喜事、壽辰、接官等各種大型宴會的生意。常有幾個大院子，有大罩棚，有戲台可以唱堂會戲。酒席一擺就是幾十桌、上百桌。名字一律叫某某堂，如「福壽堂」「同興堂」等。[2]不論是大餐館，還是小食店，往往都有手工製作和烹飪的獨門技藝，能夠向市場提供獨一無二的美味品牌。

當時京城流行吃涮羊肉鍋子，徐凌霄的《舊都百話》云：「羊肉鍋子，為歲寒時最普通之美味，須與羊肉館食之。此等吃法，乃北方游牧遺風加以研究進化，而成為特別風味。」咸豐四年（西元1854年），北京前門外「正陽樓」開業，是漢民館出售涮羊肉的首創者。切出的肉片片薄如紙，無一不完整，馳名於京城。清代楊靜亭在《都門雜詠》中，曾寫過「致美齋」的餛飩、「福興居」的雞面、「小有餘芳」的蟹肉燒賣，稱讚說：「包得餛飩味勝常，……咽後方知滋味長。」雞麵是「麵白如銀細若絲，煮來雞汁味偏滋」；描寫燒賣是「玉盤擎出堆如雪，皮薄還應蟹透紅。」把這幾種美食寫得令人垂涎。《燕都小食品雜詠》中說：「糟粕居然可作粥，老漿風

1　徐珂：《清稗類鈔》，中華書局，1986年。
2　魯克才主編：《中華民族飲食風俗大觀》，世界知識出版社，1992年，第2頁。

味論稀稠。無分男女齊來坐，適口酸鹹各一甌。」並說：「得味在酸鹹之外，食者自知，可謂精妙絕倫。」這段描述的顯然是「京城一絕」的豆汁。

清道光年間，北京民間即出現素菜館。清朝光緒初年，北京前門大街曾有「素真館」，之後，西四又有「香積園」，西單有「道德林」「功德林」「菜根香」「全素齋」等。素菜的原料一般包括五穀雜糧、豆類、蔬菜、菌類、藻類、水果、乾果、堅果等。還有些在宮裡做素菜的御廚流落到民間之後，便在素餐館當廚或自己開素餐館，大大提升了民間素食館的水平和檔次。

有清一代，湧現出一批為人稱道的老字號飯莊和飯館。飯莊的字號都叫「××堂。」飯館的規模較飯莊小，字號不稱堂，而稱樓、居、館、齋等。老字號飯莊興起的最大因素即在其製作精湛，口味獨特。湯用彬《舊都文物略》中有云：「北平……一飲一食莫不精細考究。市賈逢迎，不惜儘力研求，遂使舊京飲食得成經譜。故挾烹調技者，能甲於各地也。」各老字號均有自己的秘技，其拿手的招牌菜，味道多適口不凡。正如《清稗類鈔》「京師宴會之肴饌」所言：「飯莊者，大酒樓之別稱也，以福隆堂、聚寶堂為最著，每席之費，為白金六兩至八兩。若夫小酌，則視客所嗜，各點一肴，如福興居、義勝居、廣和居之蔥燒海參、風魚、肘子、吳魚片、蒸山藥泥，致美齋之紅燒魚頭、蘿蔔絲餅、水餃，便宜坊之燒鴨，某回教館之羊肉，皆適口之品也。」老字號的馳名菜有東來順的涮羊肉、厚德福的熊掌、正陽樓的燴三樣與清燉羊肉、便宜坊的燒鴨；老字號的馳名麵點有玉壺春的炸春捲、都一處的燒賣、致美齋的蘿蔔絲餅等，均各具特色。再如關於老字號，坊間多有一些優美的傳說。東興樓等家發行的流通席票的菜品，亦價廉物美，老北京人莫不知之。[1]

「都一處」燒賣館坐落在繁華的前門大街，始建於乾隆三年（西元1738年），距今已有二百五十年的歷史，是北京有名的百年老店之一。傳說北京「都一處」燒賣是在山西「梢梅」的基礎上發展演變而來的。清朝乾隆年間，一個姓王的山西人，

1　張江珊：《北京老字號飯館話舊》，《北京檔案》，2009年第8期。

在北京前門外開設了一間小吃鋪，專門經營豬肉大蔥梢梅。由於本小利微，王老闆只好比人家早開門、晚打烊，起早貪黑，含辛茹苦，到頭來還是賺頭不多。一天夜裡，乾隆皇帝微服出遊，走了一段時間後感到有點餓，便想吃點什麼。但當時夜深人靜，許多店鋪都關門了。當走到王老闆這裡時，卻見小吃鋪紅燈高掛還未打烊，乾隆就踱進去叫了些梢梅吃起來，感覺到這家鋪子門面雖小，但風味倒很獨到，乾隆皇帝雖然吃遍天下，但這種風味還是第一次品嚐，不由得十分滿意，就向老闆詢問鋪號，王老闆回答尚無雅號，乾隆回宮後，就御筆親書了「都一處」三個字，意思是全京都就這兒一處，並責令手下製成虎頭牌匾送去。經過乾隆帝的這番張揚，「都一處」的名聲頓時響了起來，京城裡的達官貴人，文臣武將，以及普通百姓無不慕名而來，爭相品嚐。

「砂鍋居」始建於清乾隆六年（西元1741）年，原址在西單缸瓦市義達裡清代定王府更房臨街之處。清朝舊俗，皇室王府每年的祭神、祭祖典禮，總要以白煮全豬作為祭品，祭罷則上下同吃「祭余」。於是，吃白煮肉，便由祭祀而成為滿族的一種食俗。據柴萼《梵天廬叢錄》記載：「清代新年朝賀，每賜廷臣吃肉。其肉不雜他味，煮極爛，切為大臠，臣下拜受，禮至重也。乃滿洲皆此俗。」王公貴族們每次祭祀後所餘「供品」，就賞給看街的更夫們吃。後來，更夫們與御膳房出來的廚師合作，開店經營起砂鍋煮白肉，因店裡使用一口直徑約1.3米的砂鍋煮肉，人們習慣稱為「砂鍋居」，由此成了北京一家名字號。開業初期，只是少數官員前來品嚐，後來人們不斷慕名而來，每天一頭豬，不到中午就賣完了，店家在賣完後便摘掉幌子以示停業，所以當時北京有這樣的歇後語，「砂鍋居的幌子——過午不候」。

北京飲食老字號林林總總，成為食客們爭相追捧的對象，久而久之，便成為北京具有標誌性的飲食符號，並得到高度概括性的表述。有「八大樓」[1]、「八大

1　「八大樓」：均為飯莊。一說為東興樓、安福樓、鴻興樓、泰豐樓、萃華樓、致美樓、鴻慶樓、新豐樓；一說為東興樓、鴻興樓、安福樓、會元樓、萬德樓、富源樓、慶云樓、悅賓樓。

春」[1]、「八大居」[2]、「北京三居」[3]、「四大興」[4]、「南宛北季」[5]、「通州三寶」[6]、「六大飯店」[7]之說。北京老字號餐館不僅僅是一個個的莊館，它見證著歷史的變遷，蘊含著傳統文化的無形資產。人們說：「看不到北京老字號就等於沒有看到老北京的文化！」老字號以其深厚的文化底蘊彰顯著無可取代的獨特魅力。

二、特色鮮明的民間小吃

北京小吃是北京飲食文化的重要組成部分，是極具光彩的一個分支。

北京小吃歷來以品種繁多、應時當令，用料廣泛、製作精細著稱；北京四季分明的氣候及物產，為北京小吃提供了豐富的原料（如做切糕的密雲小棗、杏仁、各種雜糧等）；北京有得天獨厚的都城條件，民間與宮廷的飲食文化得以密切交流；北京作為一國之都，五方雜處，其小吃融合了食肉飲酪的草原民族、五穀為養的中

▶圖8-8　北京小吃——爆肚（馬靜攝影）

1　「八大春」：均為飯莊。指慶林春、上林春、淮陽春、大陸春、新陸春、鹿鳴春、春園、同春園。

2　「八大居」：均為飯莊。指同和居、砂鍋居、泰豐居、萬福居、福興居、陽春居、東興居、廣和居。

3　「北京三居」：均為飯莊。指柳泉居、三和居、仙露居。

4　「四大興」：均為飯莊。指福興樓、萬興樓、同興樓、東興樓。

5　「南宛北季」：均為烤肉店。指宣內大街的烤肉宛、什剎海前街的烤肉季。

6　「通州三寶」：指大順齋的糖火燒、萬通醬園的醬豆腐、小樓飯館的燒鯰魚。

7　「六大飯店」：指北京飯店、六國飯店、德國飯店、東方飯店、中央飯店、長安飯店。

原地區、飯稻羹魚的南方地區的多種飲食特色，是多元文化的精粹集成；作為天子腳下的臣民，他們有著一種十分開放的人文心態，他們豁達、大氣、精明而又不失厚道，不僅手藝精到，他們還創造了獨具京城風韻特色的叫賣文化，創造了靈活方便的售賣方式；形成了京城獨有的商業文化精神。為眾多文人詠之頌之。

清代北京小吃的種類很多，大約有二三百種，包括佐餐下酒小菜，如白水羊頭、爆肚、白魁燒羊頭、芥末墩等；宴席上所用麵點，如小窩頭、肉末燒餅、羊眼兒包子、五福壽桃、麻蓉包等；以及作零食或早點、夜宵的多種小食品，如艾窩窩、驢打滾等。一些老字號也有各自專營的特色小吃品種，如仿膳飯莊的小窩窩頭、肉末燒餅、豌豆黃、芸豆卷，豐澤園飯莊的銀絲卷，東來順飯莊的奶油炸糕，合義齋飯館的大灌腸，同和居的烤饅頭，北京飯莊的麻蓉包，大順齋糕點店的糖火燒等。

《清稗類鈔》中簡介了一些小吃的原料、做法以及方便的購買方式：「京都點心之著名者，以麵裹榆莢，蒸之為糕，和糖而食之。以豌豆研泥，間以棗肉，曰豌豆黃。以黃米粉合小豆、棗肉蒸而切之，曰切糕。以糯米飯夾芝麻糖為涼糕，丸而餡之為窩。窩，即古之不落夾是也。」「賒早點：買物而緩償其值曰賒。賒早點，京師貧家往往有之。賣者輒晨至付物，而以粉筆記銀數於其家之牆，以備遺忘，他日可向索也。丁修甫有詩詠之云：『環樣油條盤樣餅，日送清晨不嫌冷。無錢償爾聊暫賒，粉畫牆陰自記省。國家洋債千萬多，九十九年期限拖。華洋文押字簽訂，飢不擇食無如何，四分默誦燒餅歌。』」

清·雪印軒主《燕京小食品雜詠》中有詩在吟詠京城「羊頭馬」家的羊頭肉：「十月燕京冷朔風，羊頭上市味無窮，鹽花撒得如雪飛，薄薄切成如紙同。」用片刀片肉和操作的技藝何其高超。羊頭馬始於清道光年間，迄今已有一百六十多年的歷史。

史仲文、胡曉林的《中國清代習俗史》一書對清季民間小吃有詳述，茲摘錄如下：

杏仁茶。清朝詩人紀曉嵐曾做詩稱讚京都杏仁茶的好味道。杏仁茶是用甜杏仁

◀圖8-9　北京小吃——白水羊頭
肉（馬靜攝影）

加桂花、大米麵、糖做成糊狀，然後再放入開水鍋裡煮熟而製成的一種風味小吃，清香爽口，通常燒餅鋪有售，也有挑擔串街叫賣的，吆喝：「杏仁兒——茶噢！」有買者，則盛碗、加糖。

奶酪。又稱醍醐、乳酪，魏晉就已有記載，它是北方少數民族的食品，並未廣泛為漢族接受。至清代，它不僅成為皇親貴族的主要冷飲食品，而且流入市場為京人所接受，成為京都又一風味小吃。北京最有名的奶酪店開業於清末，位於現在的東安市場，名叫豐盛公。奶酪是用牛奶加白糖煮開、晾涼、過濾、加江米酒、文火加熱、發酵、置碗中半凝固等多道程序製成，有飢者甘食，渴者甘飲，內以養壽，外以養神的神奇功效。

小窩頭。小窩頭是用細玉米麵、黃豆麵、白糖、桂花加溫水和麵、捏製、蒸熟而成，一般一斤面可捏一百個小窩頭。

艾窩窩。它是用煮爛的江米放涼後，包上豆沙或芝麻餡，團成圓球，再黏上一層熟大米麵製成，通常是現包現賣，多在春季銷售。清人有詩：「白黏江米入蒸鍋，什錦餡兒粉麵搓。渾似湯圓不待煮，清真喚做艾窩窩。」

肉末燒餅。傳說慈禧太后有一次做夢吃燒餅，偏巧第二天清晨的早點有肉末燒餅，慈禧太后特別高興，認為這是給她圓了夢，便重賞了廚師。由此，肉末燒餅身價倍增，並傳到民間，成了北京又一風味小吃。燒餅圓形、空心，餅底周圍有一道突起的邊，好似馬蹄一般，正面沾有芝麻，內夾精心炒製的豬肉末。

薩其瑪。原為滿族的一種食品，《燕京歲時記》中記載：「薩其馬乃滿州餑餑，以冰糖、奶油和白麵為之，形如糯米，用不灰大烘爐烤熟，遂成方塊，甜蜜可食。」這種小吃於清代流行於京城，深受人們歡迎。其工藝做法也越來越精細。

　　炒肝。最早是將豬的肝、腸、心、肺用熬、炒的方法製成。到清同治年間，炒肝的原料除去了心、肺，專用豬肝和肥腸。它的製作方法是將洗淨的豬腸切成四分長的小段，把豬肝切成菱形片，將腸、肝放入豬骨頭湯中旺火煮，醬油調色，加大料、黃醬、味精、蒜泥、薑末調味，用澱粉勾芡燴製而成。清道光年間，在京都前門外鮮魚口有專售炒肝的會仙居和天興居，生意甚是興隆。

　　北京餑餑。餑餑即為糕點，是北京人對它的俗稱。它用麵粉、糖、油等原料精製而成，品種甚多，有細餡餑餑、硬麵餑餑、壽意餑餑、片兒餑餑，以及大八件、小八件、自來紅、自來白等。它原為清宮的祭禮供品，後傳入民間。清末，北京城出現了餑餑鋪，專賣各種糕點。當年糕點業總稱糖餅行。清道光二十八年（西元1848年）所立《馬神廟糖餅行行規碑》中規定，滿洲餑餑是「國家供享，神祈、祭祀、宗廟及內廷殿試、外藩筵宴，又如佛前供素，乃旗民僧道所必用。喜筵桌張，凡冠婚喪祭而不可無，其用亦大矣。」凡是逢年過節、婚喪嫁娶、祭祖敬神、親友往來以及婦女生育、老人祝壽，都離不開餑餑鋪。

　　北京小吃包括漢民小吃、回民小吃及宮廷小吃，在諸多的小吃中，是以清真小吃為主體的。清王朝統治時期，回族同胞社會地位相對低下，從事飲食業者，多無固定店鋪。一口鍋、一袋麵，只能製作和經營一些零食之類的食品，弄些油鹽作料做點小吃餬口。「兩把刀、八根繩」成為他們的職業形象。「兩把刀」指賣牛羊肉和賣切糕的，因為牛羊肉和切糕要用刀切開來賣，故稱「兩把刀」。「八根繩」是對挑擔行商小販的泛稱。一根扁擔，兩個筐，前後各以四根繩繫起來，俗稱「八根繩」。他們挑著籮筐，遊走大街小巷吆喝叫賣。為了招攬更多的生意，他們珍愛自家的這份手藝，注重自身的名分，小吃越做越精美，許多品種獨樹一幟，逐漸形成品名在前姓氏在後的小吃名稱，如羊頭馬、餡餅周、焦圈王、豆腐腦兒白等，從而構成了京腔京味的北京小吃文化。

三、清真飲食遍京城

中國清真飲食是指中國穆斯林食用的、符合伊斯蘭教法律例的食物統稱。清真飲食主要分清真菜和小吃兩部分，清真菜經過元、明、清至近代約數百年間的發展，成為中國菜中的重要分支。清真飲食文化也是北京民間飲食文化的重要組成部分。十三世紀前期，蒙古滅金，入主中原，建都北京（大都）以後，回回作為色目人的一支，在京為官者和經商者甚多，回回人在元朝的政治地位僅次於蒙古人，清真餐飲也在京城隨之興起。清代以來，北京穆斯林人口分布廣泛，真正體現了「回回遍京城」的實際狀況。

「清真」一詞，最早見於南朝宋劉義慶《世說新語》：「有清真寡慾，萬物不能移也。」原指人的純淨樸實，無塵無染，後來專指人的道德境界。明洪武元年（西元1368年）明太祖朱元璋為金陵禮拜寺題《百字贊》中有「教名清真」一語，此後就專指伊斯蘭教。「清淨無染，獨一無尊，清則淨，真則不雜，淨而不雜」，就是「清真」。反映在財帛和食物上，穆斯林主張取財於正道，不圖不義之財，遵守伊斯蘭教對食物的來源、性質、衛生等方面的嚴格規定。[1]

清真飲食文化具有廣泛的吸納性，例如，清真菜在烹調技法上，就借鑑了粵菜中的鹵、爆、烤，川菜中的燴、拌，魯菜中的煨、燉、燒，淮揚菜中的熘、扒，京菜中的涮、醬等烹調技法。在原料種類上除牛羊肉以外，又不斷拓展雞、鴨、魚、蝦等菜品品種，使清真菜品不斷創新，並形成了清真老字號品牌。相傳，清道光二十八年（西元1848年），京東通州的穆斯林季德彩，在什剎海邊的「荷花市場」擺攤賣烤羊肉，打出了「烤肉季」的字號，經過多年積蓄後，季家買下了一座小樓，正式開辦了「烤肉季」飯館，日後蜚聲京城。在北京，像「烤肉季」這樣著名的清真老字號還有很多。

京城清真老字號代表者當首推「鴻賓樓」。鴻賓樓飯莊創建於清咸豐三年（西

1　馬興仁：《中國清真飲食文化淺談》，《青海民族研究》社會科學版，1991年第4期。

元1853年），至今已有一百六十餘年的歷史。一九五五年由天津遷至北京，彌補了當時北京清真餐飲在檔次和菜品結構上的不足，成為京城高檔次清真餐飲的重要代表。鴻賓樓飯莊的菜餚有數百種之多，其代表作有「砂鍋魚翅」「芫爆散丹」「砂鍋羊頭」「白蹦魚丁」「兩吃大蝦」「紅燒蹄筋」「紅燒牛尾」「玉米全燴」等。「末代皇叔」溥傑品嚐過鴻賓樓的美味後曾即席賦詩讚歎：「天安西畔鴻賓樓，每輒停驂快引甌。牛尾羊筋清真饌，海異山珍不世餚。既食名庖揮妙碗，更瞻故業換新猷。肆筵設席鮮虛夕，四座重澤醉五洲。」這裡名流薈萃，詩文相賀，見證了一代名樓的輝煌。

「壹條龍」飯莊創業於清乾隆五十年（西元1785年），也是京城經營清真菜餚的著名飯莊。飯莊原名「南恆順羊肉館」。相傳光緒二十三年（西元1897年）春末的一天，南恆順來了兩位顧客，一位約二十多歲像主人，另一位四十多歲像僕人，吃完涮肉沒錢付賬。韓掌櫃看這兩個人不像誆吃的人，便笑著說：「沒關係，您二位請便吧！什麼時候方便給帶來就行了。」第二天一個宮裡的小太監把錢送來，大家才知道，昨天那個年輕人就是光緒皇帝。韓掌櫃立即將昨天皇帝坐過的凳子、用過的火鍋，當作「寶物」供奉起來。用黃綢子包好，不許別人再用。於是「壹條龍」（過去把皇帝稱作龍）在南恆順吃飯的事很快在北京傳開，人們便將南恆順稱為「壹條龍」。一九二一年店鋪正式掛出了「壹條龍羊肉館」的牌匾，這塊牌匾與當年光緒皇帝曾經用過的銅鍋現今仍在店內珍存。

據文獻資料記載，乾隆四十年（西元1775年）在北京創建的「月盛齋」，是老字號回回醬肉店，到嘉慶年間，名聲大振。它的特殊之處在於在醬羊肉中加有丁香、砂仁等亦香料亦藥材的重要調味品，在保持原有美味之外，還增添了藥物的健身效果，再加上選肉精細，調料適宜，火候得法，故而極受歡迎，成為京城聲譽很高的清真食品特產，代代相傳。其中香藥入肴是清真飲食文化的一個重要特點，是中國與阿拉伯—波斯飲食文化交流的重要成果。

清真菜餚以牛羊肉為主，羊肉菜居多。穆斯林在清真飲食上避凶抵惡，尚好吉祥。羊象徵溫順、吉祥、善良、美好，一直是清真烹飪的上等動物性原料。許慎在

《說文解字》中釋「美」曰：「美，甘也。從羊從大，羊在六畜，主給膳也。美與善同義。臣鉉等曰：羊大則美。」羊之大者肥美，是伊斯蘭教選擇食物原料經驗的一個結晶，也是他們對「美味」認識的出發點。

在清代宮廷御膳中出現了清真全羊席，被稱為穆斯林的「聖席」。

清真菜的原料相對來說比漢族的要少，但穆斯林們把這些原料運用到了極致，即使是一個小小的部位也能做出種種花樣，全羊席便是如此。乾隆年間的詩人袁枚在《隨園食單》中寫道：「全羊法有七十二種，可吃者不過十八九種而已。此乃屠龍之技，家廚難學。一盤一碗，雖全是羊肉，而味各不同才好。」全羊席是用整個羊的各個不同部位，或烤或涮，或煮或炸，烹製出各種不同口味、不同品名的菜餚。也就是說，從頭至腳，每一處都能做出一個菜。例如僅羊耳朵，就可分上、中、下三段，三處可做出三樣不同的菜餚：羊耳尖可做「迎風扇」，羊耳中段可做「雙鳳翠」，羊耳根可做「龍門角」，等等，品種五花八門，名稱各異，然而所有菜名都不露一個「羊」字，而以生動、形象的別名代之，堪稱一絕。

清宮清真飲食的輝煌，與乾隆的愛寵香妃（即容妃）有關。容妃是來自新疆的維吾爾族人，信奉伊斯蘭教。她在宮中被允許穿著本民族的服裝，為尊重她的民族習慣，宮內專為她設有回回廚師，為她做清真飯菜，容妃多次把回回廚師的拿手名

菜呈獻給皇帝品嚐。香妃最愛吃的家鄉飯有「谷倫」（抓飯）、「滴非雅則」（洋蔥炒的菜）等。據清宮御膳譜載：「乾隆四十四年八月十五日，勤政殿進早膳，用摺疊膳桌擺油香一品（賞容妃）。」油香是穆斯林傳統食品，香妃喜歡吃，於是油香就出現在宮廷御點中。

四、京城食品老字號

與老字號飯莊並駕齊驅的是京城食品老字號，這些店鋪經營年代久遠，製作技藝精湛，所制食品譽滿京城。

「王致和」臭豆腐。王致和是安徽仙源縣舉人，清康熙八年（西元1669年）赴京會試，落第後滯留京城，為謀生計，就在前門外延壽寺街開了個豆腐坊，做起了豆腐生意，一邊維持生計，一邊刻苦攻讀，以備下科。相傳有一次，他做出的豆腐沒賣完，時值盛夏，怕壞，便切成四方小塊，配上鹽、花椒等作料，放在一口小缸裡醃上。由此他也就歇伏停磨，一心攻讀，漸漸把此事忘了。乃至秋涼重操舊業，驀地想起那一小缸豆腐，忙打開一看，臭味撲鼻，豆腐已成青色，棄之可惜，遂大膽嘗之，頓覺別具風味，便送與鄰里品嚐，無不稱奇。以後王致和屢試不中，遂盡心經營起臭豆腐來。清末傳入宮廷御膳房，成為慈禧太后的一道日常小菜，慈禧太后賜名「青方」，身價倍增。「王致和」也成為京城著名品牌。

◀圖8-11 北京小吃——切糕（馬靜攝影）

「天福號」醬肘子。「天福號」是京城百年老店，享有盛譽。北京醬肘子已經有近二百六十年的歷史。乾隆三年（西元1738年），一個叫劉德山的山東人同他的兒子在西單牌樓開設了一家熟肉鋪，這就是「天福號」。為了創出聲譽，自開張始，便精心烹調各種熟肉。肉要熟爛，必須在前一天晚上就入湯鍋裡燒，父子倆只得輪流看守湯鍋。相傳有一天夜裡兒子看鍋，由於太勞累就睡著了。一覺醒來，他看到鍋裡的肉已經塌爛，湯也只剩下一點稠汁。起出鍋後，肉軟爛如泥，只好將其放涼以後擺在盤子裡賣。恰巧這天的顧客中，有個刑部官員的家人買回去後，給刑部大人吃了，無論皮肉都熟爛香嫩鮮美無比，他感到非常滿意。第二天，他又命家人特地到天福號來買這種醬肘子。劉家父子見有人喜歡這樣的肘子，就改變煮法，專燒這種新產品，因而名聲大振，並逐漸成為北京名品。

「信遠齋」酸梅湯。《清稗類鈔》記載：「酸梅湯，夏日所飲，京津有之，以冰為原料，層梅乾於中。其味酸，京師賣酸梅湯者，輒手二銅盞，顛倒簸弄之聲，鏘鏘然，謂之敲冰盞，行道之人輒止而飲之。」酸梅湯發源於北京，清以前就有用烏梅煮湯的傳統，後經清宮御膳房改進，成為清宮異寶，並流傳到民間，最早的店鋪是前門外的九龍齋和西單邱家的酸梅湯，後名聲最大的是琉璃廠信遠齋。[1]《燕都小食品雜詠》有詠酸梅湯的詩一首：「梅湯冰鎮味酸甜，涼沁心脾六月寒。揮汗炙天難得比，一文銅盞熱中寬。」

五、民間宴飲禮儀

由於受清王朝統治者禮制的制約影響，清人的社會生活中，呈現出明顯的等級觀念，同時在民間飲食習俗中也得到鮮明的體現。在一些正式場合，民間百姓宴飲同樣需要遵守一系列禮儀規程。並貫穿於宴飲的各個環節。

民間宴席禮儀一是講究座次，尊者為上。徐珂《清稗類鈔·宴會之筵席》中談

1　李路陽、畏冬：《中國清代習俗史》，人民出版社，1974年，第69-70頁。

中國飲食文化史　■　京津地區卷·上冊

到明清之交的宴會禮儀最為翔實：「若有多席，則以在左之席為首席，以次遞推。以一席之坐次言之，即在左之最高一位為首座，相對者為二座，首座之下為三座，二座之下為四座。或兩座相向陳設，則左席之東向者，一二位為首座二座。右席之西向者，一一位為首座二座。主人例必坐於其下而向西。」今風俗以南向正中者為首座，其餘就不太講究了。如首座未經事先確定，則常常因互相謙讓而耗費很多時間。

除了排座次外，「尊人立莫坐」也是當時京城百姓普遍遵守的餐桌禮儀，即首席的尊者沒有入座前，其他人是不能入座的；還有「尊人共席飲，不問莫多言」的規矩，筵席上，長輩不問話，晚輩就不能多言。

二是圓桌的出現。大約在清代康熙至乾隆年間，圓桌開始在家筵上出現。這種新型桌子比起長方桌和八仙桌來，更富合家團圓之意，故備受家庭的歡迎。曹雪芹在《紅樓夢》第七十五回中寫賈母在凸碧山莊開設中秋賞月家筵時，就特意叫人用圓桌來擺酒：「上面居中賈母坐下，左邊賈赦、賈珍、賈璉、賈蓉，右邊賈政、寶玉、賈環，賈蘭……迎春、探春、惜春」。一張圓桌十二個人，這種長幼男女圍坐飲酒的家筵形式，在前代文獻中是見不到的。直到今天，人們在舉行家筵時，還是很喜歡用圓桌的。「尚和」的思想古來有之，這種團團圍坐的聚餐形式，正契合了人們「尚合」的心理。

三是敬酒之禮。敬酒之禮是所有筵宴上最為常見的禮儀，一般是入座後，主人敬酒，客人起立承之，也有客人回敬之禮。《清稗類鈔》有詳述：「宴會所設之筵席，自妓院外，無論在公署，在家，在酒樓，在園亭，主人必肅客於門。主客互以長揖為禮。既就坐，先以茶點及水旱煙敬客，俟筵席陳設，主人乃肅客一一入席。席之陳設也，式不一。」「將入席，主人必敬酒，或自斟，或由役人代斟自奉以敬客，導之入座。是時必呼客之稱謂而冠以姓字，如某某先生、某翁之類，是曰定席，又曰按席，亦曰按座。亦有主人於客坐定後，始向客一一斟酒者。惟無論如何，主人敬酒，客必起立承之。」又，主人敬酒於客曰酬，客人回敬曰酢，這是古已有之的禮數。《淮南子・主術訓》曰：「觴酌俎豆，酬酢之禮，所以效善也。」如

此往返三次，曰酒過三巡。今宴會風俗，仍以先敬酒於客為敬，且口稱：「先乾為敬」。今日大宴則往往是主人站立舉杯敬酒，客集體起身，共同乾杯。

有清一代，中國人日常吃飯並不提倡頓頓喝酒，但是，宴會上酒是萬萬不可少的。落座後，主人要先向客人祝酒，口稱「先乾為敬」，主客共飲；無論主客，添酒都要添滿。

四是擺放菜餚也有一套禮儀規則。一般帶骨的菜放在餐桌的左邊，純肉菜放在餐桌的右邊；飯食靠左手放，羹湯、酒、飲料靠右手放；燒烤的肉類放得遠些，醋、醬、蔥、蒜等調料放在近處。上菜先冷後熱，熱菜應從主賓對面席位的左側上；上單份菜或配菜席點和小吃先賓後主；上全雞、全鴨、全魚等整形菜，不能把頭尾朝向正主位。

清代家宴禮儀儘管經歷了一個漫長的歷史演化過程，但一如既往地繼承了儒家的傳統思想：長幼有序、尊卑有別，以及古來有之的「尚和」思想，重親情，重團聚，尊老人，重禮節，契合了中國傳統的家族觀念，客觀上起到了維護家庭穩定、促進家庭和睦的作用。例如敬酒斟酒、晚輩替長輩盛飯、飲酒前澆祭奠酒等。又如「毋吒食」「毋刺齒」等禮儀，即使於今天也是如此。

六、西方飲食的漸入

在中國飲食發展史上，十九世紀中葉至二十世紀三〇年代，可被稱作「西洋」飲食文明的傳入期。鴉片戰爭後，列強瓜分中國，中國淪為半殖民地，帝國主義勢力所及的大城市和通商口岸出現了西餐菜餚和點心，並且有了一定的規模。到了晚清，不僅市場上有西餐館，甚至西太后舉行國宴招待外國使臣有時也用西餐。「土司」「沙司」「色拉」之類的異國烹飪術語也進入中國。中國近代史的七八十年間，包括被稱為「西餐」在內的西洋飲食文明，以前所未有的規模滲入中國固有的飲食文化之中。同時也出現了相應的著作，《造洋飯書》就是在清宣統年間出版的，較詳細地記載了西餐的烹飪技法。

明末清初，真正開了「洋葷」的是貴族階層，舶來品中「巴斯第裡的葡萄紅露酒、葡萄黃露酒、白葡萄酒、紅葡萄酒和玫瑰露、薔薇露」等西洋名酒及其特產，在當時宮廷、王府和權貴之家的飲宴上就可以見到。清代名著《紅樓夢》第六十四回中有賈寶玉飲西洋紅葡萄酒的情節，書中道：「芳官拿了一個五寸來高的小玻璃瓶來，迎亮照著，裡面有半瓶胭脂般的汁子，還當是寶玉吃的西洋葡萄酒呢。」

隨著資本主義商業領域的不斷開闢以及宗教的傳播，西式餐飲習俗越來越多地被帶到中國東南沿海一帶。清朝政府較為頻繁的對外交流活動讓更多的中國政府官員開始暸解和食用西餐。但西餐正式作為西式餐飲的名稱而被世人使用，則是在清末，如《清稗類鈔》一書中寫道：「國人食西式之飯，曰西餐。」這個界定沿用至今。

據記載，天啟二年（西元1622年）來華的德國傳教士湯若望曾用「蜜麵」和以「雞卵」製作的「西洋餅」來招待中國官員，食者皆「詫為殊味」。他是第一個用西餐在北京招待中國官員的西方人。老北京人把西餐稱為「番菜」，把西餐廳稱為「番菜館」。北京最早的番菜館開設在西直門外萬牲園，也就是現在北京動物園裡面的「暢觀樓」，開業於光緒年間。早期的番菜館以「醉瓊林」「裕珍園」最為著名。番菜中稱俄式紅菜湯為「羅宋湯」，因在清代初年，稱俄羅斯為「羅剎」，「羅宋」是「羅剎」的音轉，後來「羅宋湯」在北京家庭的飯桌上頗為普及。這些舶來品在當時既未擺脫「舶來」的特點，也未對中國飲食界產生廣泛的影響。

鴉片戰爭以後，情況發生了根本性變化，北京飲食文化對西洋飲食從被動地接受轉為主動地納入。北京開設的西餐館越來越多。光緒二十六年（西元1900年），兩個法國人創建了北京飯店，專營西餐。一九○三年又創建了「得其利麵包房」，專制英、法、俄、美式麵包。其他還有西班牙人創辦的「三星飯店」，德國人開設的「寶昌飯店」，希臘人開設的「正昌飯店」等。這些西洋（還有日本料理）菜餚、糕點、罐頭及飲料，最初是為供應在華的外國人，後來北京人也逐漸由適應而嗜食。啤酒、汽水發展成為兩大食品製造業，銷路也由上海擴展到其他地區。一九一五年北京創辦了一家叫「雙合盛」的啤酒廠，這是中國自己創辦的第一家啤酒廠，是現

在北京啤酒廠的前身。

吃西餐講究禮儀，這些在《清稗類鈔》中多有介紹。「國人食西式之飯，曰西餐，一曰大餐，一曰番菜，一曰大菜。席具刀、叉、瓢三事，不設箸。光緒朝，都會商埠已有之。至宣統時，尤為盛行。席之陳設，男女主人必坐於席之兩端，客坐兩旁，以最近女主人之右手者為最上，最近女主人左手者次之，最近男主人右手者又次之，最近男主人左手者又次之，其在兩旁之中間者則更次之。若僅有一主人，則最近主人之右手者為首座，最近主人之左手者為二座，自右而出，為三座、五座、七座、九座，自左而出，為四座、六座、八座、十座，其與主人相對居中者為末座。既入席，先進湯。及進酒，主人執杯起立，（西俗先致頌詞，而後主客碰杯起飲，我國頗少。）客亦起執杯，相讓而飲。於是繼進肴，三肴、四肴、五肴、六肴均可，終之以點心或米飯，點心與飯抑或同用。飲食之時，左手按盆，右手取匙。用刀者，須以右手切之，以左手執叉，叉而食之。事畢，匙仰向於盆之右面，刀在右向內放，叉在右，俯向盆右。欲加牛油或糖醬於麵包，可以刀取之。一品畢，以瓢或刀或叉置於盤，役人即知其此品食畢，可進他品，即取已用之瓢刀叉而易以潔者。食時，勿使食具相觸作響，勿咀嚼有聲，勿剔牙。」西餐的引入對北京飲食文化產生了深遠的影響。近代咖喱粉、番茄醬、汽水、啤酒、冰激凌、餅乾等

在北京流傳開來，極大地豐富了北京飲食品種。西餐的一些烹飪技法也為傳統中餐所用，豐富了中餐的口味和品種。中國傳統宴席原本不是冷菜先上桌，但從近代開始，北京中式宴席變為由冷盤開場、配合酒飲的局面。傳統飲食以味為重心，但在西餐的影響之下，對色和形也高度重視。尤其重要的是，北京飲食文化中的營養觀念、衛生觀唸得到極大強化，也開創了尊重婦女、女士優先的一代新風。改變了男女不同席的舊有做法。

第四節　清代節日食俗及其特點

一、北京節日食俗

筵席是中國傳統節日中不可缺少的內容，除夕、春節、元宵要吃「團圓」飯，端午節吃粽子，中秋節吃月餅，冬至節吃湯圓等。節日飲食以過大年最為豐盛，美味品種也更為多樣，從古至今不斷豐富創新，並賦予飲食以諸多的社會功能。人們用吃來紀念先人，用吃來感謝神靈，用吃來調和人際關係，用吃來惇睦親友、鄰里，並且進而推行教化。並形成以年節為中心的一系列食俗。

中國節日飲食習俗到了清代完全定型，而北京節日飲食是當時中國的一個縮影。北京作為清代首都，在中國節日飲食發展過程中具有重要地位，一些節日飲食的規範和名稱都是在北京確立的。並形成祭灶、吃餃子、吃年糕、互饋食品等核心食俗，賦予其美好的寓意，並注重營造節日氣氛。

祭灶。從臘月二十三祭灶神起，北京人便開始「過年」了。清代潘榮陛在《帝京歲時紀勝·十二月·祀灶》載：「二十三日更盡時家家祀灶，院內立桿，懸掛天燈。祭品則羹湯灶飯、糖瓜糖餅，飼神馬以香糟、炒豆、水盂。男子羅拜，說以遏惡揚善之詞。」民謠中說：「二十三，糖瓜粘」。二十三是指農曆十二月二十三日，這一天也稱作「小年」。灶糖是一種麥芽糖，黏性很大，把它抽為長條型的糖棍稱

為「關東糖」，拉製成扁圓型就叫作「糖瓜」。冬天把它放在屋外，因為天氣嚴寒，糖瓜凝固得堅實而裡邊又有些微小的氣泡，吃起來脆甜香酥，別有風味。

吃餃子。餃子是我國北方最通常的應節食品，其名稱就是在清代固定下來的。民間春節吃餃子的習俗在明清時已相當盛行。餃子一般要在年三十晚上十二點以前包好，全家守歲，等候新年的到來。包好的餃子待到半夜子時吃，這時正是農曆正月初一的伊始，吃餃子取「更歲交子」之意，「子」為「子時」，交與「餃」諧音，有「喜慶團圓」和「吉祥如意」的意思。北京人還常愛說：「三十晚上吃餃子——沒有外人」。可見這一天是全家的至親在一起的，不管身居多遠，這一天都要趕回來吃團圓餃子。這種對節令的高度重視，正是中國農耕文化的核心精神所在。

吃年糕。北京人過年流行吃年糕。年糕品種多，有棗年糕、豆年糕、年糕坨等。精細的年糕有白果、什錦、水晶、如意等，烹製方法多為蒸，也有用油炸蘸白糖吃的，均有香甜黏糯的特點。北京的年糕一般為清真回民小吃店供應，除年節大量供應外，平時亦有供應，但數量和品種都比春節時少。

和民間一樣，清宮過年也吃年糕。同時年糕也是祭祀的供品。民間年糕的主要原料是大黃米或小黃米麵和芸豆。滿族名字叫「飛石黑阿峰」。清代沈兆有詩一首：「糕名飛石黑阿峰，味膩如脂色若琼。香潔定知神受餉，珍同金菊與芙蓉。」自注說：「滿洲跳神祭品有飛石黑阿峰者，黏穀米糕也。色黃如玉，味膩如脂，摻假油粉，蘸以蜂蜜頗香渚，跳畢，以此偏饋鄰里親族。又金菊、芙蓉，皆糕名。」因其黏，故又稱「黏糕」；「黏」「年」諧音，又稱「年糕」。除夕、元旦，清宮皇帝晚膳均吃年糕。據清宮《膳食檔》記載：乾隆四十二年（西元1777年）除夕，弘曆晚膳有「年年糕一品」；乾隆四十九年（西元1786年）元旦，弘曆晚膳「用三陽開泰琺瑯碗盛紅糕一品、年年糕一品」。皇帝吃年糕同樣寄情於節日，祈求新年更加美好。

來親訪友，互送食品。北京人過年要互相走動，送些禮品，主要以互送食品為主，其中蜜餞雜拌兒最有地方特色，雜拌兒，是幾種食品雜湊在一起，加以拌和而成的。清代的雜拌兒種類頗多，最普遍的是將花生、栗子、榛子、焦棗與糖藕片、

金糕條、冬瓜條等攪和在一起而成的，叫「乾雜拌兒」；還有更講究的乾雜拌兒是用榛仁兒、花生仁兒、糖藕片、糖薑片、桃脯、杏脯、冬瓜條、青梅等拌和而成的。更高級的則稱為「蜜餞雜拌兒」，是以桃、杏、梨脯及青梅、蜜餞海棠、金絲蜜棗等拌和而成的，色澤五光十色，口味酸甜兼具。這些乾雜拌兒後來演變為京城特產果脯。

除夕時節達到頂峰。清初北京除夕更是異常熱鬧，節日氣氛格外濃烈。「除夕之次，夜子初交，門外寶炬爭輝，玉珂競響。肩輿簇簇，車馬轔轔。百官趨朝，賀元旦也。聞爆竹聲如擊浪轟雷，遍乎朝野，徹夜無停。更間有下廟之博浪鼓聲，賣瓜子解悶聲，賣江米白酒擊冰盞聲，賣桂花頭油搖喚嬌娘聲，賣合菜細粉聲，與爆竹之聲相為上下，良可聽也。士民之家，新衣冠，肅佩帶，祀神祀祖；焚楮帛畢，昧爽闔家團拜，獻椒盤，斟柏酒，飫蒸糕，啜粉羹。出門迎喜，參藥廟，謁影堂，具柬賀節。路遇親友，則降輿長揖，而祝之曰新禧納福。至於酬酢之具，則鏤花繪果為茶，十錦火鍋供饌。湯點則鵝油方脯，豬肉饅首，江米糕，黃黍飥；酒餚則醃雞臘肉，糟鵝風魚，野雞爪，鹿兔脯；果晶則松榛蓮慶，桃杏瓜仁，栗棗枝圓，楂糕耿餅，青枝葡萄，白子崗榴，秋波梨，蘋婆果、獅柑風橘，橙片楊梅。雜以海錯山珍，家肴市點。縱非親厚，亦必奉節酒三杯。若至戚忘情，何妨爛醉！俗說謂新正拜節。走千家不如坐一家。而車馬喧闐，追歡竟日，可謂極一時之勝也矣。」[1] 清代北京除夕場面之宏大，氣氛之熱烈，在此一覽無餘。

二、節日食俗的特點

中國民間，家家戶戶千方百計將美味佳餚留至年節大家共享，若平常一家獨享，則無任何民俗氣氛可言。因此，舊時窮苦人家，即便借債、賒賬，也要在年節裡一飽口福。年節飲食與平日飲食的區別就在於，年節食品是在同一時間內為大家

1　潘榮陛：《帝京歲時紀勝》「正月」，北京古籍出版社，1981年，第7頁。

所同享的。正如平日裡月餅櫃檯少有人問津，而中秋一到便門庭若市。這就是人們民俗節日意義達到的一種共識。可以說，群眾性的同食，是年節飲食的一個顯著標誌。各大節日莫不如此。

第二個特點是這種年節的食俗在不斷地變遷。中國自夏代起，都城便不斷變遷。在都城的變遷中，年節食俗也隨著都城的挪移而流動。一些年節食品的製作工藝及花樣有了變新，同時，其原有寓意亦為新的含義所代替；一些年節食品則被淘汰，或轉而成為具有地方食俗特點的食品而喪失了全民性應節食品的地位。例如元宵和月餅，其形制均源於古人對天體物象的模擬，為原始先民天體崇拜的遺存，但隨著歷史的發展，便逐漸被賦予團圓的新意。清代，北京則有「冬至餛飩夏至麵」的諺語。京諺中說的雖是餛飩，而實際上北京人吃的卻是餃子，名同而物異，這又有別於五百年前的臨安了。

第三個特點是節日食品由簡樸逐漸轉向精美。任何一個年節食俗產生的初期，其主要食品都是按照一定的式樣，用日常食用的大米及麵粉製成的。隨著時代發展，人們不可能每年重複食用那些與常食並無多少區別的食物，因此應節食品在原料、製作工藝及味道等方面都應遠遠勝過平常食品，由此催發了節日食品不斷由簡樸向精美轉化。比如立春設春盤的習俗據說始於晉代。那時的春盤，只是放些蘿蔔、芹菜一類的菜蔬，內容比較單調。到了隋唐，由於人們特別重視節氣食俗，食用春盤之風盛行，但「盤」中原料仍較為素淡。唐代人們在立春日作春餅，並以春蒿、黃韭、蓼芽包之。此時「春盤」已演化為「春餅」。隨著時間的推移，春盤、春餅、春捲名稱的相繼更新，其製作也愈來愈精美了。《武林舊事》說，南宋朝廷後苑中製作的春盤，「每盤值萬錢」。清代時，春餅用白麵為外皮，圓薄平勻，內包菜絲，捲成圓筒形，以油炸成黃脆，食之。有甜、鹹等不同餡心。顯然，清代春餅與今日的春捲完全相同了。清代潘榮陛《帝京歲時紀勝・正月・春盤》：「新春日獻辛盤。雖士庶之家，亦必割雞豚，炊麵餅，而雜以生菜、青韭菜、羊角蔥，沖和合菜皮，兼生食水紅蘿蔔，名曰咬春。」這些應春食品花樣眾多，精美細緻，大大增強了節日的喜慶氣氛，也更富有民俗意味。和最初出現的「春盤」相較，已是不可

同日而語。粽子、臘八粥也是如此。

第五節　酒、茶飲品文化

一、酒業與飲酒習俗

滿族人從其先世女真人起就是一個喜愛並且擅長飲酒的民族，凡宴會、待客必置酒，並有飲酒時不食、飲後再用飯菜的習慣。入關後，清宮飲酒之風更盛。宮中設酒醋房負責御酒的儲備與供應。清代京師酒類品種之多、風格之異，是中國歷代無法比擬的。

「北京的釀酒業也很發達，向有「酒品之多，京師為最」的稱譽。除通州的竹葉青、良鄉黃酒、玫瑰燒、茵陳燒、梨花白之外，還有外地進京的紹酒、汾酒等。」[1]清代皇族傳統名酒，原名「香白酒」與蓮花白酒、菊花白酒，俗稱「京師三白酒」而聞名於世。溥傑曾為菊花白酒賦詩：「香媲蓮花白，澄鄰竹葉青。菊英誇壽世，藥估慶延齡。醇肇新風味，方傳舊禁廷。長征攜作伴，躍進莫須停。」溥傑為蓮花白酒題詩為：「釀美醇凝露，香幽遠益精，秘方傳禁苑，壽世歸聞名。」經他一讚，「三白」身價陡增。除此之外，尚有桂花陳酒、菖蒲酒等。

據徐珂《清稗類鈔‧飲食類》和梁章鉅《歸田瑣記》記述，「玉泉酒」是乾隆以後歷代皇帝最愛飲用的酒種，也是宮中的主要用酒。玉泉酒因是用北京玉泉山附近的玉泉水釀造而得名。玉泉酒問世以後，成了歷代皇帝的常用酒。據清宮檔案記載，帝后飲酒數量因其習慣不同而多寡不一。乾隆帝每日晚膳飲玉泉酒1兩；嘉慶帝有時多至13-14兩；慈禧太后每日內膳所用玉泉酒竟達一斤四兩。遇有宴會，所用玉泉酒更需數百斤之多。此外，玉泉酒還用於賞賜、祭祀與和配藥酒。

1　魏開肇、趙蕙蓉：《北京通史》第八卷，中華書局，1994年，第434頁。

宮中御膳房做菜也常用玉泉酒作調料。每年正月祭谷壇、二月祭社稷壇、夏至日祭方澤壇、冬至日祭圜丘壇，歲暮祭太廟，玉泉酒都是作為福酒供祭。因此，其每年用量相當驚人。

京城不僅釀酒業興盛，酒的經營也非常繁榮。為了滿足顧客不同的需求，不同品類的酒分別有相應的酒店經營。據清末民初人震鈞《天咫偶聞》四卷《北城》和徐珂《清稗類鈔·京師之酒鋪》記載，當時北京有三種酒店，「一種為南酒店。所售者女貞、花彫、紹興、竹葉青之屬，肴品則火腿、糟魚、蟹、松花蛋、蜜糕之屬。一種為京酒店。則山東人所設，所售則雪酒、冬酒、淶酒、木瓜，乾榨之屬……其佐酒者，則煮鹹栗肉、乾落花生、核桃、榛仁、蜜棗、山楂、鴨蛋、酥魚、兔脯之屬，夏則鮮蓮、藕、榛、菱、杏仁、核桃，佐以水。謂之水碗。別有一種藥酒店，則為燒酒以花蒸成，其名極繁，如玫瑰露、茵陳露、蘋果露、山楂露、葡萄露、五加皮、蓮花白之屬，凡有花果所釀者，皆可名露……」前門外聚寶號就是一家南酒店，銷售紹興酒；「京酒店」如西四北大街「柳泉居」，好酒眾多；而本地最小的酒館，俗稱「大酒缸」，雖供堂飲，但是不設正式座頭，也不備足夠的下酒菜。酒客如欲小酌，可以利用店裡埋在地下的大酒缸蓋當桌子用，搬個杌凳坐下來小飲。久之，大酒缸就成了合法酒座。「藥酒店」出售的藥酒種類極多，其中很多藥酒具有「保元固本，益壽延齡」的功效，為當時的文人士子所鍾愛。在京城的酒店中，藥酒店已經占三分之一，時人曾做《燕京雜詠》讚頌：「長連遙接短連牆，紫禁滄州列兩廂。催取四時花釀酒，七層吹過竹風香。」

除了酒店以外，在鄉村和道路旁遍布著更多的酒鋪。酒鋪的幌子是掛一個紅葫蘆，上插紅布小三角旗，「這多指城外關廂、四鄉八鎮、農村小酒館和臨大道酒攤。城內的批發酒店不掛。」[1]

因為京城酒的銷量巨大，當時開闢了運輸的專用通道。酒車走崇文門，崇文門

---

[1] 金繼德、潘治武：《老北京店鋪的幌子和招牌》，北京市政協文史資料委員會編《北京文史資料》第54輯，北京出版社，1996年。

又名哈德門。城外是酒道，當年的美酒佳釀有的是從河北涿州等地運來，進北京自然要走南路。運酒的車先進外城的左安門，再到崇文門上稅。清朝京城賣酒的招牌上寫「南路燒酒」，意思是說，上過稅了，酒不是走私的。清末的楊柳青年畫中，有一幅叫做《秋江晚渡》。畫面上畫著酒幌，上面寫著「南路」等字樣，反映的就是酒業的經營狀況。

二、茗品與飲茶習俗

清朝歷代皇帝喜好茶飲，清廷飲茶頗為盛行。清初，清宮按旗俗以飲奶茶為主，後期逐漸改為以清飲為主，調飲（飲奶茶）與清飲並用。

清代宮廷對泡茶用水十分講究，以水的輕、重為標準，列出天下泉水的品第者為乾隆皇帝。據陸以湉《冷廬雜記》記載，乾隆皇帝一生多次東巡、南巡，塞外江南無所不至。每次出巡，都帶有一個特製的銀質小方斗。一到某地，就命侍從取當地的泉水來，然後再以精確度很高的秤稱一下一方斗水的重量，結果品出北京西郊玉泉山的水質最輕。乾隆皇帝因而封玉泉山的泉水為「天下第一泉」。

從此，玉泉水成為清代宮廷的專用水，徐珂在《清稗類鈔》「京師飲水」中曰：「京師井水多苦，茗具三日不拭則滿積水鹼。然井亦有佳者，安定門外較多，而以在極西北者為最，其地名上龍。若姚家井及東長安門內井，與東廠胡同西口外井，皆不苦而甜。凡有井之所，謂之水屋子，每日以車載之送人家，曰送甜水，以為所飲。若大內飲料，則專取之玉泉山也。」

當時北京的水分甜水、苦水和二性子水三種，以安定門一帶井水最好，而茶葉店則多集中在南城，故北京有「南城茶葉北城水」的說法。清代北京人最愛喝的是茉莉香茶，簡稱「花茶」。最名貴的是以茉莉花窨焙過的蒙山雲霧、蒙山仙品。其他品種還有桑頂茶、苦丁茶、玫瑰花茶、桑芽茶、野薔薇茶等。北京雖不產茶，但窨製茶葉的手藝卻很突出，窨製的茉莉花茶聞名全國。

清代貢茶中，洞庭碧螺春茶、西湖龍井、君山毛尖、普洱茶等由皇帝親自選

定。清代阮福著《普洱茶記》云：「普洱茶名重天下，味最釅。京師尤重云」，「於二月間采蕊極細而謂之毛尖以作貢。貢後方許民間販茶」。

清代是北京古代休閒文化發展的鼎盛時期，茶館集中而且品級俱全。北京是茶肆最多的城市，只是北京不稱茶肆，而稱「茶館」。當時北京賣茶水分為幾種：一是茶攤，既為之攤，當然是本小力薄窮人們做的買賣，顧客大抵是行途中為求解渴的下層人士；之後才是茶館或茶樓，但也上下分等。最一般的是設於「偏僻地方以及各城門臉上的小茶館，俗稱野茶館」[1]，且常具有季節性；然後是有固定鋪面的「大茶館」和「清茶館」。食奉祿不做事的八旗子弟整天泡在茶館裡面。據記載，北京以「輦轂之下」最具繁華，九門八條大街，店鋪商肆鱗次櫛比，「尤以茶社居多數，所占地勢亦寬」（逆旅過客：《都市叢談‧素茶館》）成「茶寮酒社斗鮮明」（蔣償：《燕台雜詠》）之勢。北京茶館的分布明顯有傾向於市場區的特點。茶館林立的香廠在清末發展成為一處新興的休閒型市場娛樂區。

清季北京茶館中享有盛譽、堪稱一流的有：大柵欄馬思遠茶館，前門外的天全軒、裕順軒、高明遠、東鴻泰，前門裡交民巷的東海升，崇文門外的永順軒，崇文門內的長義軒、五合軒、廣泰軒、廣匯軒、天寶軒，東安門大街的匯豐軒，北新橋的天壽軒，安定門裡的廣和軒，地安門外的天匯軒，宣武門外的三義軒，宣武門內的龍海軒、海豐軒、興隆軒，阜成門內的天福軒、天德軒，西直門內的新泰軒等等。這些茶館的建築「類皆宏偉壯麗」，據晚清人記載：「每見城裡頭的大茶館兒，動輒都用好幾百間房。」[2]通常外堂多用寬敞大院兒，用以接待負販肩挑之人。這就是所謂的「大茶館」。這些茶館不僅廳堂華麗，陳設講究，且備有飯點、糖果之類。規模較大的茶館還建有戲台，下午和晚上有京劇、評書、大鼓等曲藝演出。許多演員最初都是從茶館裡唱出名氣來的。清朝末年，北京的「書茶館」達六十多家。

京城的茶葉經營按種類劃分，各有側重。清代徐珂《清稗類鈔》「茶肆品茶」條

1　鄧雲鄉：《增補燕京鄉土記》，中華書局，1998年，第514頁。
2　待餘生‧逆旅過客著，張榮起校註：《燕市積弊》卷三「茶館兒」，北京古籍出版社，1995年。

云：茶肆所售之茶，有紅茶、綠茶二大別。紅者曰烏龍，曰壽眉，曰紅梅。綠者曰雨前，曰明前，曰本山。有盛以壺者，有盛以碗者。有坐而飲者，有臥而啜者。懷獻侯嘗曰：「吾人勞心勞力，終日勤苦，偶於暇日一至茶肆，與二三知己淪茗深談，固無不可。乃竟有日夕流連，樂而忘返，不以廢時失業為可惜者，誠可慨也！」茶館的幌子是在房簷下懸掛四塊小牌（寬約4吋，上下高1尺2吋），下系一塊紅布條（清真館系藍布條），夏季門外如搭葦席涼棚，則將掛鈎吊在前方的棚桿上，另設若干長鐵掛鈎，以備老茶客懸掛鳥籠。其每一塊木牌寫兩種名茶（正反面），如毛尖、雨前、大方、香片、龍井、雀舌、碧螺、普洱等字樣。[1]

1　金繼德、潘治武：《老北京店鋪的幌子和招牌》，北京市政協文史資料委員會編《北京文史資料》第54輯，北京出版社，1996年。

第九章　中華民國時期

民國是一個動盪的年代。「民國十七年國都南遷，平市日漸凋散。更以「九·
一八」後，外患日逼，人心不安，市況益趨不振。尤以八埠營業，冷落異常。較民
國初年，誠有不勝今昔之感。」[1]這種時代環境，必然對飲食文化產生重大沖擊。然
而，歷史是複雜的、發展著的，戰爭並非歷史與現實的全部。辛亥革命以來，隨著
中國閉關自守的大門被打開，北京作為一個有著深厚飲食文化底蘊的大都市，飲食
領域也受到西方飲食觀念和方式的強烈衝擊。北京飲食文化史上的古代與現代之劃
分，是以這一時期為標誌的。此後，飲食風俗的現代氣息才逐漸增濃，並不斷得到
強化。民國時期飲食風俗的現代化，主要表現為大量國外飲食時尚的直接植入，如
此，出現了民族性習俗與國際化時尚並存的局面，二者的逐步融合恰恰是民國飲食
風俗現代化的進程。同時，雅俗共賞是這一時期北京飲食文化的一大特徵。

第一節　　民國飲食文化的總體態勢

一、崇尚西方飲食

引發北京近代飲食大規模變遷的原因，乃是整個中國近代社會的巨變及其社會
轉型。處於清王朝統治下的近代中國遭遇了代表近代工業文明的西方列強的堅船利
炮的強烈挑戰，以西元一八四二年鴉片戰爭失敗簽訂城下之盟，國門被打開為標
誌，即開始由傳統社會向近代社會、由農業社會向工業社會、由封建社會向資本社
會的變遷或「轉型」。從而也引發了北京近代飲食民俗的變遷。[2]

民國之後，西式舞會、晚會、婚禮、教會節日等成為當時的一種時尚，也直接
帶旺了西餐業。在王府井大街南口外，建成了「六國飯店」，達官貴人、洋行買辦

1　馬芷庠著，張恨水審定：《老北京旅行指南》（原名《北平旅行指南》），北京燕山出版社，1997年，
　　第12頁。
2　焦潤明：《中國近代民俗變遷及其賦予社會轉型的符號意義》，《江蘇社會科學》，2001年第5期。

等紛紛到六國飯店去跳舞、吃西餐。當時稱西餐為「吃大餐」。在北京飲食習俗中，西餐中的一些做法也被吸收到一些餐館的各種菜系之中，尤其是在大眾層面上，西餐也逐漸迎合了老北京人的傳統口味，有時名曰西餐，其實在口味上已與地道西餐相距甚遠。亦中亦西、亦土亦洋，成為近代北京飲食習俗中的新景觀。在民國的土地上，中餐西餐涇渭分明，各行其道，反倒使民國北京的餐飲文化得到前所未有的發展。

到了二十世紀三〇年代，北京的番菜館逐漸多起來。按照馬芷庠著的《老北京旅行指南》記載：「西餐館依然如故，而福生食堂，菜湯均簡潔，頗合衛生要素。凡各飯館均向食客代徵百分之五筵席捐。咖啡館生涯頗不寂寞，例如東安市場國強、二妙堂、西單有光堂，西式糕點均佳。」福生食堂為回民所開，位於東單路北，當時老北京較著名的西餐館還有東安市場的森隆、東安門大街的華宮食堂、陝西巷的鑫華、船板胡同的韓記腸子鋪、位於原金朗大酒店位置上的法國麵包房、王府井八面槽的華利經濟食堂、前門內司法部街的「華美」以及西單商場的半畝園西餐館等。東安市場內的「吉士林」；東四牌樓北路西的「森春陽」；西單牌樓長安大戲院右鄰的大地餐廳；南河沿南口路西的歐美同學會西餐廳等。

北京人的傳統主食主要是麵粉製品，偶爾也吃些米飯。歐風東漸後，麵包上市了，熱狗、三明治出現了，於是在傳統主食之外，又有了一種西洋式的主食，它對某些人群的吸引力，已經遠遠超過了他們對傳統主食的認同。就這樣，傳統主食一統天下的局面開始被打破了。

當時西化速度比較快、西化程度比較深的首推衣、食、住、行等生活習俗。這是因為一種文化對異質文化的吸收，往往開啟於那些可直觀的表面的生活習尚層次。在飲食方面，上層社會飲食豪奢，除傳統的山珍海味、滿漢全席外，請吃西餐大菜已成為買辦、商人與洋人、客商交往應酬的手段。在以「洋」為時尚中，具有西方風味的食品漸受中國人的歡迎，如啤酒、香檳酒、奶茶、汽水、冰棒、冰淇淋、麵包、西點、蛋糕等皆被北京人接受。西菜、西式糖、煙、酒都大量進入民國市場，並為很多人所嗜食。在當時還比較守舊俗的北京，「舊式餑餑鋪，京錢四吊

（合南錢四百文）一口蒲包，今則稻香村穀香村餅乾，非洋三四角不能得一洋鐵桶矣；昔日抽菸用木桿白銅鍋，抽關東大葉，今則換用紙煙，且非三砲臺、政府牌不御矣；昔日喝酒，公推柳泉居之黃酒，今則非三星白蘭地啤酒不用矣。」[1]說明西式飲食已引起了北京飲食習俗的較大變化，豐富了北京人的日常生活。

除了西菜外，民國時舶來的飲食中還有一種東洋菜。經營這種菜的菜館，絕大部分由日本人開設，在口味上完全有別於中菜和西菜。在這種菜的主要品種中有一種叫壽喜燒的菜品，即用肉類和各種蔬菜豆腐放置火鍋內，隨煮隨吃，頗相類於中國的暖鍋；另一種菜叫作刺身（即生魚片），即將一種不腥的魚就著醬料薑絲生吃。這種菜的影響，從總體上說沒有西菜來得大。

其實，就中國人的嗜好來說，西餐、東洋菜並不比中餐好吃。崇尚西餐只是因為它代表了一種新鮮、時髦的風尚，也是一種身價的顯示。

事實上，飲食風俗的「全盤西化」是不可能的，也不能全面取代北京的飲食傳統，因為傳統的飲食結構來自多年的文化積澱，絕非速成。這一點，胡適先生有比較清醒的認識：「數量上的嚴格『全盤西化』是不容易成立的。文化只是人民生活的方式，處處都不能不受人民的經濟狀況和歷史習慣的限制。這就是我從前說起的文化惰性。你儘管相信『西菜較合衛生』，但事實上絕不能期望人人都吃西菜，都改用刀叉。況且西洋文化確有不少的歷史因襲的成分，我們不但理智上不願採取，事實上也絕不會全盤採取」[2]。民國北京飲食民俗「洋化」的傾向始終是局部的，而且多滯留於北京城市中心。不過，這確是民國北京飲食風俗顯著的特徵之一。

二、城鄉飲食文化發展不平衡

有清一代，北京城市飲食消費瀰漫著一股濃烈的奢靡之風。民國期間，這一風

1　胡朴安：《中華全國風俗志》下篇卷1「京兆」，上海書店影印版，1986年，第3頁。
2　轉引自蔡尚思：《中國現代思想史資料簡編》第1卷，浙江人民出版社，1982年，第166頁。

氣在資本主義商品經濟的刺激下愈演愈烈。

《首都鄉土研究‧風尚》載，北京「國變後，茶社酒館林立，娛樂場所的增加，都是風俗奢靡的表現」。在奢靡飲食風氣的刺激下，民國北京城的茶樓和酒館像雨後春筍般紛紛開業。在明清餐飲老字號得到進一步發展的同時，又湧現出一批新的餐飲名店。

在日常餐飲消費中，也有大肆鋪張的「八大碗」之說。「八大碗」曾是貴官商賈和皇宮裡的美味佳餚，在京城盛行一時，京城各商號對老客人也常以八大碗相待，甚至軍政要員、富商豪紳，也要求品嚐八大碗。[1]可見這「八大碗」非同尋常一般。通常筵席桌上還有「四乾」「四冷」「四熱」「八碟」「八碗」等。後來，飯館的菜品逐漸升級，演變成「四冷」或「六冷」，八道熱菜、十道熱菜、十二道熱菜。北京人為了面子，為了顯示京城人的派頭和闊氣，便追求菜品的數量及規格，揮霍消費風氣蔓延。

正當北京城內飲食趨於大餐奢靡消費的同時，北京郊區，尤其是一些山區的飲食仍保持著農耕飲食的風味，絲毫沒有大都市的飲食排場。「玉米為大宗，穀、麥、高粱、菽次之；蔬菜以蔥、韭、菠、白菜、蘿蔔、芥菜為普通，豆腐、雞蛋次之，肉類又次之；稻米運自南省，間亦購食。冬春晝短，多兩餐，麥秋間有四餐，餘三餐。」[2]就四季而言，時有順口溜「春天落個鮮飽，夏天落個水飽，秋天落個實飽，冬天落個年飽。」可見，能夠吃飽是當時北京農村飲食的一個最高標準，與城裡的飲食水平有著天壤之別。

「二月二龍抬頭」，北京郊區有吃春餅的習俗。春季，春菜長出來了，農民餐桌上便有了一些新鮮的青菜，可做成菜餑餑和大餡菜糰子，農民稱之為嘗青或嘗鮮。有的農戶還挖剛長出來的野菜，用於補充糧食之不足。夏季是農忙季節，主婦要為下田幹活的男人多做些乾糧和耐餓的主食，如小米過水飯，或過水涼麵等，再備些

---

1 范德海、侯培鐸、王云：《說說老北京的「八大碗」》，《中國食品》，2007年第12期。

2 《順義縣誌》，民國二十二年（西元1933年），鉛印本。轉引自丁世良、趙放主編：《中國地方誌民俗資料彙編》華北卷，書目文獻出版社，1989年，第23頁。

綠豆湯，宜天熱時解暑用。秋季是農作物成熟的季節，要吃烙餅攤雞蛋或一些葷食，以便下地秋收。這也是一年中吃得最飽的季節，常言道：「家裡沒有場裡有，場裡沒有地裡有，地裡沒有山上有，不管哪裡總是有」。無論如何都能夠達到「秋飽」。進入冬季，除了大白菜，就是鹹菜和乾菜。一日三餐改為一日兩餐。大家盼望過年，可以圖個「年飽」。鄉間這種溫飽不足的狀況與北京城裡的奢靡之風形成了極為強烈的反差。

進入到民國，北京飲食文化的發展明顯處於一個革故鼎新的轉折過渡期。而「革故鼎新」本身就蘊含了不平衡的因素，城鄉飲食差異明顯，呈現出中西混雜，新舊並陳的格局。

第二節　民國餐飲業及都市廟會

一、廟會

廟會又稱廟市，開廟日期根據各廟特點或所供奉的神靈的祭祀日期來確定。民國以來，廟會照例是定期舉行的。至於香火則因國曆與舊曆交替，使人們對於宗教祭日之記憶漸趨模糊，宗教信仰亦日益淡化。一些廟會逐漸演變為有固定會期的商業性集市。

民國期間，北京的廟宇中均設定期市集，交易百物。市場大抵在廟宇中隙地上，而延展於廟旁隙地與廟外附近的商業市街，構成廟會的中心。廟會上的買賣，大多是賣主租賃廟中的房屋、地段，固定設攤進行的。每屆會期，貨主總是到慣常的地方擺上攤位，做起生意。他們各自的攤位都比較恆定，甚至幾十年不更換處所。在會期以旬為時間單位循環的地方，攤主往往在一個廟的會期結束後，再去趕另一個廟會。據記載：「舊京廟宇櫛比，設市者居其半數」，「每至市期，商賈雲集」。「月開數市者，所售多係日用之品」，「年開一市者，所售多係耍貨」，「遊人

◀圖9-1　北京小吃——驢打滾（馬靜攝影）

每以購歸為樂」。同時還「多有香會，如秧歌、少林……」[1]。

　　據一九三〇年的調查統計，北京城區有廟會20處，郊區16處。當時有「八大廟會」之說，即白塔寺、護國寺、隆福寺、雍和宮、東嶽廟、白雲觀、蟠桃宮、廠甸。也有「五大廟會」的說法，即土地廟、花市、白塔寺、護國寺、隆福寺。五大廟會中比較大而熱鬧的，當數東城的隆福寺和西城的護國寺，即人們常說的「東廟」「西廟」。[2]

　　民國時期的北京城幾乎天天有廟會。根據調查統計，二十世紀三〇年代，隆福寺的集市商攤有近千家，護國寺和白塔寺的集市商攤也多達700餘家，每年集市天數分別為72-150天。人們在廟上燒香、購物、娛樂，遊走之間必然又餓又累。看到各種好吃的，不免產生食慾。所以廟會上那種吃食攤子自然也就座無虛席了。

　　廟會上的飲食經營一般都是浮攤，有的支個布棚亮出字號，裡面擺了條案、長凳，小吃擺放案上，或邊做邊賣。這些攤點星羅棋布，成了可供觀賞的廟會一景。民國北京廟會上的飲食現象融製作、買賣和品嚐為一體，是北京民間飲食文化全面而又生動的展示。以豆汁攤點為例，案上鋪著雪白的桌布，掛著藍布圍子，上面綴有用白布剪成的圖案，標出「×記豆汁」字樣。經營者通常為一二人，攤主不停地

1　李家瑞編：《北平風俗類征》，商務印書館影印本，1937年，第39頁。

2　北京市政協文史資料委員會選編：《北京文史資料精華·風俗趣聞》，北京出版社，2000年，第288頁。

向遊人喊道：「請吧您哪！熱燒餅、熱果子，裡邊有座兒您哪！」而兜售豆麵糕又名「驢打滾兒」的則一般沒有攤點。在廟會上經營此業的多係回民，只用一輛手推車，車上的銅活擦得鋥光瓦亮，引人注目，以招徠生意。邊走邊吆喚道：「豆麵糕來，要糖錢！」「滾糖的驢打滾啦！」即便不是為了飽享口福的香客，也會駐足圍觀，被這富有濃濃鄉土氣息的情景所吸引。當時，北京的廠甸廟會一直頗為繁盛。廠甸和火神廟在和平門外琉璃廠中間路北，「從1918年開始，每年農曆正月初一至十五日，以廠甸及附近的海王村公園（現中國書店所在地）為中心，舉辦大型廟會。廟會期間，琉璃廠東西街口、南北新華街街口及呂祖閣、大小沙土園等處的攤販連成一片。海王村公園水法地前的廣場開闢為茶社，由幾家茶社聯營，遊人可以在這裡品茗休息。茶社四周，設有北京風味小吃，有年糕、豆腐腦、元宵、炸糕、小豆粥、豆汁、灌腸、麵茶、蜂糕、艾窩窩、冰糖葫蘆等，生意興隆。」[1]。民國時期，小吃經營網點比較分散，而廟會則將北京城裡和周邊地區的小吃彙集在一起「集體亮相」，人們在逛廟會的同時，可以品嚐到各種風味的小吃。飽享口福是人們熱衷於逛廟會的目的之一。

二、叫賣的市聲藝術

吆喝叫賣，屬於用聲音指稱所賣貨物的民俗形態，稱「貨聲」或「市聲」。民國時期的行商小販，在走村串戶販賣貨物時，仍繼承舊時的傳統，利用響器聲和吆喝聲招徠顧客。

民國時期北京城裡的貨聲頗具特色，小販的吆喝一般都有簡單的曲調，顧客即使聽不清他所吆喝的內容，但根據其約定俗成的曲調就能辨別賣的是什麼貨物，小販的響器也大都按行業的不同而各具特色，方便顧客辨別。賣小吃的小販吆喝花樣頗多，常見的有賣櫻桃的：「小紅的櫻桃，快嘗鮮！」賣白薯的喊：「栗子味蒸白

1　北京市政協文史資料委員會選編：《北京文史資料精華・風俗趣聞》，北京出版社，2000年，第295頁。

薯咧！」「老豆腐，開鍋！」「炸丸子，開鍋！」，「熱的哆……大油炸鬼，芝麻醬來……燒餅」「炸麵筋……肉」「哎嗨，小棗兒混糖的豌豆黃嘞！」如此等等。冰糖葫蘆上市之時，大街上、巷弄裡、廟會中，人們時時會聽到熟悉的吆喝：「葫蘆……冰糖的！」「冰糖多哎……葫蘆來嗷……」聲聲抑揚頓挫，清脆響亮。《燕京歲時記》載：「冰糖壺盧，乃用竹籤貫以葡萄、山藥豆、海棠果、山裡紅等物，蘸以冰糖，甜脆而涼。」還有些小販，在長期的吆喝叫賣中，其吆喝聲已形成一些固定的腔調，且多具有北方高腔的音樂性旋律，如賣蔬菜的，其吆喝聲不但旋律高亢、聲腔清揚，而且還可以一聲吆喝一大串，一口氣報出十幾種蔬菜的菜名：「青韭呀芹菜扁豆蔥，嫩冷冷地黃瓜來一根吧！……」；賣生豆汁的小販，手推車上有兩個大木桶，沿街吆喝：「甜酸豆汁！」按勺論價，那勺有用檳榔木的，也有用瓢的；又如夏天賣冰激凌的：「冰兒激的凌來呀，雪花那個落兒，又甜又涼呀……」等等。宣武區樂善裡胡同，空氣中時常飄蕩著洪亮的吆喝：「辣——菜」，所售的是泡在發酵白湯裡的芥菜片；賣臭豆腐的低聲吆喝，像背書一樣：「臭豆腐、醬豆腐，王致和的臭豆腐。」罈子上貼著印有「王致和」三個字的紅紙標籤；賣老豆腐的以作料吸引人，有芝麻醬、辣椒油、韭菜花、鹵蝦醬、大蒜汁。賣薄荷涼糖的最洋氣，頭戴有簷高帽，身穿白色制服，好像馬戲團的吹鼓手。吹完洋號，吆喝一聲：「薄荷涼糖，香蕉糖！」還有賣甑兒糕的也極具特色。當時北京有一歇後語為「甑兒糕——一屜頂一屜」，其含義是：一個挨一個，相繼而來。賣甑兒糕者所挑之擔子，一頭為蒸鍋，置於木盆中，兩旁有木架。一頭為盛放原料之小木箱，箱下為水桶。所用果料為青絲、紅絲、瓜子仁、葡萄乾、芝麻等細碎配料與白糖、紅糖。其吆喝聲為「甑兒糕……吧」。

北京一帶小販常用響器招徠顧客，常見的有賣油的敲梆子；吹糖人的敲一面大鑼；賣糖的敲一面小鑼；推車賣醬油醋的多以敲梆為號；錮鍋錮碗的，以家什擔子上懸掛的銅盆銅碗搖晃擊撞的聲音為貨聲；賣烏梅湯的，則以手持「冰盞兒」令其撞擊出聲；鄉間貨郎則手搖「撥浪鼓」敲擊出聲等等。其他的代聲器具還有：賣五香豆腐乾的以敲鍋沿為號，賣糖豆花的以敲瓷碗為號，賣冰棒的以

敲冰棒箱為號，等等，各種聲音此起彼伏，演奏出中國城鎮胡同裡巷特有的交響曲。

民國時期北京各地城鎮流行不輟的貨賣聲，以其特有的藝術魅力和鄉土風采引起文學家、美術家的關注，如梁實秋對北京小吃情有獨鍾，備加喜愛，於一九八三年寫下了一篇《北平的零食小販》一文，那是一九四九年移居臺灣後的他晚年對家鄉美食的追憶。文章先從小販們的叫賣聲說起：「北平小販的吆喝聲是很特殊的。我不知道這與評劇有無關係，其抑揚頓挫，變化頗多，有的豪放如唱大花臉，有的沉悶如黑頭，又有的清脆如生旦，在白晝給浩浩欲沸的市聲平添了不少情趣，在夜晚又給寂靜的夜帶來一些淒涼。細聽小販的呼聲，則有直譬，有隱喻，有時竟像謎語一般耐人尋味。而且他們的吆喝聲，數十年如一日，不曾有過改變。我如今閉目沉思，北平零食小販的呼聲儼然在耳，一個個的如在目前。」

飲食叫賣的「市聲」，成為北京飲食文化中最富有情趣和人情味的一部分。這些吆喝聲早已漸行漸遠，離開了我們的生活，但永遠成為北京人的美好記憶。

三、發達的餐飲業

民國初年，是北京飲食業發展的鼎盛時期。儘管這一時期政權更迭頻繁，但軍閥、政客、商人等各色人等奔走鑽營、應酬往來，此時的莊館就成為了他們最理想的活動場所。隨之北京的莊館業便特別興盛起來，可謂盛況空前。其時，北京有地方菜館一百多家，具有北京、山東、江蘇、廣東、四川、河南等二十多種不同風味。其中，以山東、江蘇、廣東等地方風味最著名。這一時期餐飲業呈現出來的特點是：規模大、風味全、名廚多、菜品精，京城老字號及私家菜各領風騷。

民國時期北平的飯館，大都可分為三類，第一種是飯莊子。所謂飯莊子，大都有寬大的院落，上有油漆整潔的鉛鐵大罩棚，並有幾所跨院，最講究的還有樓台亭

閣，曲徑通幽的小花園，能讓客人詩酒留連，樂而忘返；正廳必定還有一座富麗堂皇的戲台，那是專供主顧們唱堂會戲用的。其中名氣較大的有：東皇城根的隆豐堂、地安門大街的慶和堂、什剎海的會賢堂、報子胡同的聚賢堂、金魚胡同的福壽堂等。它們以替達官貴人承應婚喪壽誕、包辦酒席的買賣為主，一般不招攬散客。

第二種是飯館子，多以園、館、樓、居、坊等為名號。這類飯館中，以清末民初的「八大居」和「八大樓」最為著名。八大居指福興居、東興居、天興居、萬興居、砂鍋居、同和居、泰豐居、萬福居；而「八大樓」則說法不一， 一般認為是東興樓、會元樓、鴻興樓、萬德樓、富源樓、慶云樓、安福樓、悅賓樓等。北平的飯館子以成桌筵席和小酌為主；雖然也應外會，頂多不過十桌八桌，至於幾十桌上百桌的酒席，就很少接了。北平最有名的飯館子第一要數「東興樓」。東興樓的砂鍋熊掌、紅油海參等都是上檔次的宮廷菜。

第三種是專賣小吃、不辦酒席的小飯館和二葷鋪。「二葷鋪」的食材都是家常的，不要說沒有海參、魚翅等海貨，即使是雞鴨魚蝦也不賣。鄧雲鄉在《燕京鄉土記》中描繪過二葷鋪：「地方一般不太大，一兩間門面，灶頭在門口，座位卻在裡面。賣的都是家常菜……菜名由夥計在客人面前口頭報來。」這些飯鋪雖然沒有高檔菜餚，但總計起來數量、種類則相當多，成為北京飲食文化鄉土味道最濃郁之處。當年遍布京城的「二葷鋪」所體現的是最基本的北京文化，無論它的環境、店堂的布置、掌櫃夥計的和氣，都顯現出十足的京味兒。

民國期間的老字號也都有自己的金牌菜，用以撐立門面。梁實秋在《雅舍談吃》一書裡如數家珍，列舉了正陽樓的烤羊肉，致美齋的鍋燒雞，東興樓的芙蓉雞片，中興樓的咖喱雞，忠信堂的油爆蝦，厚德福的鐵鍋蛋，全聚德的烤鴨等。坊間的歇後語中也出現了用名餐館的特點來作比，如：砂鍋居的買賣──過午不候，六必居的抹布──酸甜苦辣都嘗過等，足見這些京城老字號的文化魅力，京城老字號成為北京飲食文化標誌性的符號。

民國時期的「官府菜」繼續沿襲清代而發展著。總體特點是仍保持著清淡、精緻、用料講究的風格。前文多次提及的譚家菜依然獨占鰲頭，它是中國官府菜中最

突出的典型，它是北京文人雅士階層的菜，是官僚階層的菜，是南北菜系交融的結晶，是私家菜的後起之秀，是老北京的遺風。

在二十世紀二三十年代，老北京著名的私家菜還有三家，即政界的「段家菜」（民國時期國務總理段祺瑞家），銀行界的「任家菜」（銀行家任國華家），財政界的「王家菜」（民國初年財政部長王克敏家）。而譚家菜是其他私家菜難以比肩的。但是這些私家菜後來都隨著這些官府的衰落而未能流傳下來。而真正流傳下來的倒是這種小官僚家庭產生的譚家菜。民國時期的舊京人士幾乎無人不知無人不曉譚家菜。

第三節　節令食俗及人生禮儀食俗

一、節令食俗

相對於其他大都市，民國期間北京的節日生活是最豐富的。北京人恪守農耕民族的風範，非常注重一年四季的節令，並把節令食俗發揮得淋漓盡致，體現出豐富的文化內涵。

節日活動的主要形式之一就是飽享美味佳餚。

農曆臘月三十日（小月為二十九日）為除夕，俗稱「大年三十兒」。三十夜裡，子孫們給祖宗和長輩拜過年後，全家聚在一起吃「接神餃子」。有的人家在眾多的餃子中只包入一枚硬幣，謂吃到硬幣者吉祥好運。《燕京歲時記》云：「每屆除夕，列長案於中庭，供以百分。百分者，乃諸天神聖之全圖也。百分之前，陳設蜜供一層，蘋果、乾果、饅頭、素菜、年糕各一層，謂之「全供」。供上籤以通草、八仙及石榴、元寶等，謂之「供佛花」。及接神時，將百分焚化，接遞燒香，至燈節而止，謂之「天地桌」。」

農曆正月十五日為元宵節，也稱燈節。這一天，家家戶戶都吃元宵。

傳說農曆二月初二為「龍抬頭」的日子。二月春回大地，正是農事之始，人們祈望龍能鎮住百蟲，使農業獲得豐收。這一天也是接出嫁的女兒回娘家的日子。女兒被接回娘家後，一般多以「春餅」招待。春餅是一種用白麵烙成的雙層荷葉形的餅，食用時將其揭開，內面塗上醬，再放進熟肉絲和綠豆芽等春令鮮菜，然後捲成筒狀。全家人圍坐在一起邊吃邊聊，盡顯其樂融融。春餅家家戶戶都吃，只是餅裡捲入的菜有檔次高低之分。

　　立春有打春和吃春餅的習俗，更以食餅製菜並相互餽贈為樂。民國時期北京人都行吃春餅應景咬春之節俗，至今北京仍傳承著，俗話有「打春吃春餅」之語。咬春之俗還有嚼吃蘿蔔。舊京時以南苑大紅門的蘿蔔最受歡迎，素有「大紅門的蘿蔔叫京門」之俗語。春是一年之首，是播種生發之時，是各種作物生命孕育之始，握住了春，就會有豐收的秋，因此人們賀春、迎春，吃春餅、打春牛。鮮活地詮釋著中華民族古老的農耕文化。

　　農曆五月初五日是端午節，俗稱「五月節」。其由來有紀念楚大夫屈原之說。這一天，家家戶戶都吃粽子。

　　農曆八月十五日為中秋節，又稱「團圓節」，俗稱「八月節」。這一天人們不但吃月餅，在夜裡還要進行祭月、拜月、賞月等活動。中秋節正逢各類果品成熟上市，老北京人稱它為「果子節」，人們共享秋日豐收的喜悅。《京都風俗志》載，中秋節「前三五日，通衢大市，搭蓋蘆棚，內設高案盒筐，滿置鮮品、果蔬，如：桃、榴、梨、棗、葡萄、蘋果之類，晚間燈下一望，紅綠相間，香氣襲人，賣果者高聲賣鬻，一路不斷」。尤其是前門外和德勝門內果子市，節前夜市，通宵達旦，果商的吆喚聲此起彼伏。

　　農曆十二月初八日也叫「臘八」。這一天的凌晨，家家戶戶都開始熬臘八粥。除了熬臘八粥之外，民間還有泡「臘八蒜」的習慣，泡好的臘八蒜是碧綠的，就像翡翠一樣，再配上醋的顏色，可謂色味俱佳。關於臘八粥坊間有不少美麗的傳說，千變萬化歸為一統，即告誡後人要節約糧食，平時省一把，飢時有飯吃。彰顯了中華民族節儉之美德。

一進入農曆臘月二十三，人們便步入過年的步伐節奏。民謠中說：「二十三，糖瓜粘。二十四，掃房日。二十五，作豆腐。二十六，去割肉。二十七，去宰雞。二十八，把麵發。二十九，滿香斗。三十晚上坐一宿。大年初一走一走（拜年）。」二十三是指農曆十二月（又稱臘月）二十三日，這一天也稱作「小年」。臘月二十三這一天，民間百姓為了避免灶王爺去天宮朝奏時說自家的壞話，便用江米或麥芽做成的糖瓜祭灶，以便用甜蜜的糖瓜黏住灶王爺的嘴，使其上天時多說好話。

二、人生禮儀食俗

人生禮儀是指人成長過程中所經歷的儀式活動，諸如誕生禮、洗三禮[1]、滿月禮、成年禮、婚禮等。在這些禮儀場合，人們往往通過飲食行為表達祝福和喜悅的心情。民國時期，北京的人生禮儀已演繹得非常完備，期間的飲食行為和特定的食品大多蘊含有像徵意義。

《北平風俗類徵》記錄了一次「洗三」儀式的過程，其中有「添盆」一節：屋中置有一個盆，眾親友往盆裡放置的食物都有祝福的寓意。一般是親友們往盆裡添些什麼，接生姥姥就會在一旁說些什麼，例如往盆裡添些涼水，接生姥姥就會說「長流水，聰明伶俐」；親友們往盆裡添棗兒、栗子，接生姥姥則會說「早早兒立子，連生貴子」；若是扔桂圓，姥姥則說「桂圓桂圓，連中三元」。把孩子洗好以後捆好，還要用蔥往身上打三下，借「蔥」與「聰」的諧音說「一打聰明，二打伶俐」……然後把蔥扔到房上，取向高、向上之意。如此一番之後，儀式結束，接生姥姥這才向本家討賞錢，「添盆」時所用的一應錢物，就都歸接生姥姥了，如金銀錁子、首飾、現大洋、銅子兒、圍盆布、小米、雞蛋、喜果，以及餘下的供品——桂花缸爐、油糕等就全部兜去了。

1　「洗三禮」：是自古代沿襲下來的嬰兒誕生禮中的一個重要儀式，即在嬰兒出生的第三天奉行沐浴儀式，邀請眾親友來為嬰兒祝福，即為「洗三」。也叫「三朝洗兒」，「洗三」的目的在於一是為嬰兒洗滌污穢，意在消災免難；二是祈祝吉祥幸福。

民國期間，北京小孩成長過程中還要舉行認乾爹乾媽的儀式。小孩用乾爹乾媽贈送的碗筷吃飯，寓意小孩也是乾爹乾媽家裡的成員，並獲得乾爹乾媽的護佑。在這裡，碗筷意謂有飯吃，成為小孩成長有所依靠的象徵。

北京地區稱「人活六十六，不死掉塊肉」，如果是臘月前的生日，就暫不辦。等到臘月家中宰了豬、羊或買些豬肉、羊肉，拿到街上散發給過路的窮人，這樣就像徵著已經「掉」了一塊肉，就免除了真的「掉」肉（指遭受意外的天災或疾病）。

總之，在民間人生禮儀的活動中，以食祈福是一種非常普遍的做法，是北京飲食文化的重要內容。

第四節　獨特的飲食風味

一、清真飲食得到發展

民國時期，隨著民族工商業的發展，北京的清真飲食業形成了成熟的市場，清真菜在北京得到了更大的發展和推廣。當時先後在前門外開設的羊肉館有：元興堂、又一村、兩益軒、同和軒、同益軒、西域館、西聖館、慶宴樓、萃芳園、暢悅樓、又一順、同居館（餡餅周）、東恩園居（穆家寨炒疙瘩）等。在中山公園的有瑞珍厚，在長安市場的有東來順。在北京前門一帶，有著名的三家清真飯館，即「同和軒」「兩益軒」和「同益軒」，號稱「清真三大軒」。當時，京城回族中的知名人士，每逢有公私應酬，必到「三大軒」設宴請客。其中尤以「同和軒」和「兩益軒」以各自特色成為京派清真菜系中的代表。一九三〇年，在繁華的西單路口，清真飯莊「西來順」開張營業，立即轟動了京城。其中原因是出任西來順飯莊經理的是名冠京城的回族廚師褚連祥。褚連祥又名褚祥，北京清真菜的一代宗師，清真菜的最早革新者，他見多識廣，思想開明，在清真菜的革新上，大膽吸收了西餐和

中國南北菜餚的一些技藝，給清真菜注入了各種不同的飲食風味和烹飪技法，創製出「炸羊尾」「生扒羊肉」「炒甘肅雞」「油爆肚仁」等創新清真菜餚百餘種，並首創清真海味菜餚，在同行和食客中享有盛名。

清末民初，北京清真菜分為「東派」和「西派」兩大流派。「東派」以同和軒、東來順和通州小樓飯莊為代表。其特色是以北方鄉土風味為主，炒菜多用重色汁芡，味濃厚重。「西派」以兩益軒、西來順為代表。精美、典雅，吸收南方菜系特點，以燒扒白芡淡汁為主，具有都市大菜風格。民國期間，北京的清真菜餚已達五百多個品種，清真風味小吃更是琳瑯滿目，口味各異。在北京小吃中，絕大多數都是清真小吃，僅燒餅的花樣就有幾十種，並以物美價廉受到人們的青睞。多年來形成了諸多老字號的食品品牌，如月盛齋的醬牛羊肉、大順齋的糖火燒、餡餅周的餡餅、豆汁張的豆汁、羊頭馬的白水羊頭、爆肚馮的爆肚、年糕王的切糕等。[1] 從富貴排場、煎炒烹炸的全羊席到簡單經濟、百吃不膩的鍋貼炒餅，乃至於雜碎湯牛舌餅、焦圈豆汁，包羅萬象，應有盡有。北京清真飲食文化得益於地處京城的地緣優勢，它廣泛包容了天下九州各地飲食文化的精華，以穆斯林的生活習慣為基調加以提純，從而形成自己的特色，它照顧到了從王侯將相到販夫走卒各階層的所有問顧者，做到了豐儉由人、應對自如。[2]

北京清真風味的形成有它歷史的緣由。伊斯蘭教傳入中國後，大批阿拉伯、波斯商人到中國做生意，經營珠寶藥材，由此帶來了飲食調料中的「香藥」（即既是調味品又是藥品物），如荳蔻、砂仁、丁香、胡椒、茴香、肉桂等，極大地豐富了中國清真飲食文化以養為本的內涵。這些香藥在調味的同時，還兼有很強的保健作用，把香藥引入肴饌，是中國穆斯林對中華民族飲食文化的重大貢獻，它開創性地發展了「醫食同源」的思想，是中西（阿拉伯—波斯）優秀文化結合的結晶，北京牛街是其突出的代表。

1　張寶申：《北京的清真飲食》，《北京檔案》，2008年第3期。

2　馬萬昌：《北京清真飲食文化與北京清真餐飲業》，《北京聯合大學學報》，2002年第3期。

中國回族形成以後，大批回族在全國形成無數的聚居村鎮，當時北京的牛街就是這樣的村鎮，成為回族居住的聚集點。到二十世紀三〇年代，北京已有穆斯林人口十七萬多，約占全市人口的十分之一。北京小吃中的大部分是回族小吃，回族小吃中的大部分都是在牛街成名的。牛街是北京清真飲食文化的一種象徵，一塊金字招牌。

二、著名的小吃品牌

　　北京小吃大都在廟會或沿街集市上叫賣，人們無意中就會碰到，老北京形象地稱之為「碰頭食」或「採茶」，突出其「隨意」與「少量」的特點，以區別於正餐，並且多為游商下街叫賣。北京小吃融合了漢、回、蒙、滿等多民族風味小吃以及

▶圖9-2　蛤蟆吐蜜（馬靜攝影）

▶圖9-3　炸卷果（馬靜攝影）

◀圖9-4　炸三角（馬靜攝影）

▲圖9-5　螺絲轉兒（馬靜攝影）

▲圖9-6　炒疙瘩（馬靜攝影）

明、清宮廷小吃而形成，品種多，風味獨特。其中回族小吃占了絕大多數。

　　除了牛街，民國北京飲食市場則集中在大柵欄、天橋地區。天橋地區的飲食業以小吃著稱，經營小吃的飯鋪有114家之多，其餘大部分為小攤販，他們多集中在天橋的各個市場，或散布於天橋的大街小巷，有的固定設攤，有的肩挑、攜籃沿街叫賣，總計攤數百個。其小吃品種之多，成為北京之冠。經過長時間經營，天橋一帶形成了獨具特色的小吃。有些經營好的則出了名。諸如石潤經營爆肚，人稱「爆肚石」；舒永利經營豆汁，人稱「豆汁舒」；李萬元經營盆兒糕，人稱「盆糕李」等。此外，就是大柵欄北側的門框胡同，飲食攤位和坐商幾乎全部經營北京小吃。從門框胡同南口至廊房頭條攤位鱗次櫛比，有「年糕王」「年糕楊」「豆腐腦白」「炮肉馬」「爆肚馮」「褡褳火燒」等名家在此設攤。

北京小吃大約二三百種。如：爆肚馮的爆肚，小腸陳的鹵煮火燒，天興居的炒肝，錦馨的豆汁、焦圈，白魁老號的白水羊頭，不老泉的冰糖葫蘆、蒸餃，都一處的燒賣，隆福寺的灌腸等都膾炙人口。其他還有：豆沙包兒、糖三角、蜂糕、茯苓糕、山藥餅、艾窩窩、驢打滾、豌豆黃、江米藕、餡年糕、棗切糕、千層餅、花捲、燒賣、肉包、蒸餃、糖油餅、麻花、排叉、炸糕、開口笑、炸卷果、蜜三刀、蛤蟆吐蜜、炸回頭、炸三角、灌腸、焦圈、薄脆、油條、油皮餅、炸荷包蛋、炸餎饃盒、炸松肉、墩餑餑、蝴蝶卷、鍋盔、酥皮餅、芝麻燒餅、螺絲轉、鹹酥火燒、褡褳火燒、門釘肉餅、大麥米粥、豆漿、八寶蓮子粥、小豆粥、茶湯、油茶、奶酪、杏仁茶、鹵煮丸子、鹵煮火燒、炸豆腐、爆肚、白湯雜碎、炒肝、豆腐腦、麵茶、豆汁、糖葫蘆、烤白薯、疙瘩鹹菜絲、羊眼包子、五福壽桃、麻茸包等，真是不勝枚舉。下面詳說一二。

炒疙瘩以恩元居的最為聞名，恩元居炒疙瘩用上等麵粉和麵，再揪成黃豆般大小的圓疙瘩，先煮後炒，炒出的疙瘩黃綠相間，香味撲鼻，引人食慾。由於風味獨特，又具有主副合一、經濟實惠的特點，問世之後，很快就成為北京風味小吃中的佳品，得到人們的青睞。

「扒糕」是用蕎麥麵製成的，先把蕎麥麵蒸熟成餅，浸涼後，再切成兩頭薄中間厚的長條薄片，澆上用麻醬、醬油、醋攪拌的汁，再加上紅鹹胡蘿蔔擦的絲，澆芥末、辣椒或蒜末即成。是夏天消暑的上好食品。

「白水羊頭」是北京小吃中的精品，它是把羊頭用白水煮熟切片，撒上椒鹽的一種吃食。色白潔淨，肉片薄而大，脆嫩清鮮，醇香不膩，佐餐下酒皆宜。北京過去賣白水羊頭肉的很多，但最出名的是宣武區前門外廊房二條推車擺攤的馬玉昆。《燕京小食品雜詠》中稱馬家六代的白水羊頭：「十月燕京冷朔風，羊頭上市味無窮。鹽花撒得如雪飛，薄薄切成與紙同。」詠詩道出了白水羊頭的口味及技藝，堪稱一絕。

「艾窩窩」歷史悠久，《燕都小食品雜詠》詠道：「白粉江米入蒸鍋，什錦餡兒粉面搓。渾似湯圓不待煮，清真喚作艾窩窩。」為何稱「艾窩窩」呢？清人李光庭

的《鄉諺解鈔》一書中找到了說明。說是因為有一位皇帝愛吃這種窩窩,想吃或要吃時,就吩咐說:「御艾窩窩。」後來這種食品傳入民間,一般百姓就不能也不敢說「御」字,所以省卻了「御」字而稱「艾窩窩」。

「薄脆」,顧名思義,既薄又脆,但薄而不碎,脆而不艮,香酥可口。二十世紀三四十年代的北京,吃早點時可以向賣炸油餅的要個薄脆。當時有一諺語:「西直門外有三貴:火絨、金糕、大薄脆」。其他兩項已無可考,而大薄脆確是老北京人老少咸宜的美食。

「豆汁」是北京獨有的極為特殊的飲料兼小吃,有人一口不吃,有人單好這口兒,豆汁是粉坊漏粉、製作粉絲過程中的副產品,又名「小漿子」,已有數百年的歷史。《燕都小食品雜詠》中說:「糟粕居然可作粥,老漿風味論稀稠。無分男女齊來坐,適口酸鹹各一甌。」並註:「得味在酸鹹之外,食者自知,可謂精妙絕倫。」愛新覺羅‧恆蘭在《豆汁與御膳房》一文中說:乾隆十八年(西元1753年)夏,民間一專作粉絲、澱粉的作坊,偶然發現綠豆磨成半成品粉漿發酵後,嘗之酸甜可口,熬熱滋味更佳。於是朝臣上殿奏本道:「近日新興豆汁一物,已派伊立布檢查,是否清潔可飲。如無不潔之物,著蘊布招募豆汁匠人二三名,派在御膳房當差……」源於民間的豆汁就這樣進入宮廷,爾後又從宮廷流入民間。老北京人都歡喜喝豆汁,特別是梨園界的名角兒尤偏嗜此物。因為喝豆汁對嗓子有好處,唱完戲喝碗豆汁,感覺特別舒服。京昆名角譚鑫培、馬連良、袁世海都是豆汁店的常客。

◀圖9-7　開口笑(馬靜攝影)

舊時的名門士媛、達官權貴與販夫走卒同桌共飲是尋常的事情，可見豆汁是雅俗共賞、貧富相宜的大眾化食品。北京的「霜晨雪早，得此周身俱暖」。這「暖老溫貧之具」則是豆汁。由於豆汁是發酵品，所以有一股類似餿了的發酵味，不習慣者很難接受這種味。當年朝陽門內南小街兒開著一家豆汁鋪，被老鄰居們戲稱為「餿半街」，要是沒點兒根基的熏也得給熏跑了。

「驢打滾」是用黃米夾餡捲成的長卷，因卷下鋪黃豆麵，吃時將長捲滾上豆麵，樣子頗似驢兒打滾，因此得名。《燕都小食品雜詠》中就說：「紅糖水餡巧安排，黃麵成團豆裡埋。何事群呼「驢打滾」，稱名未免近詼諧。」「驢打滾」的原料有大黃米麵、黃豆麵、澄沙、白糖、香油、桂花、青紅絲和瓜仁。它的製作分為製坯、和餡、成型三道工序。做好的「驢打滾」外層蘸滿豆麵，呈金黃色，豆香餡甜，入口綿軟，是老少皆宜的傳統風味小吃。

「灌腸」。清末民國初經營灌腸的食攤，都是用澱粉加紅麴水調成稠糊麵糰，做成豬腸形狀，蒸熟以後晾切成薄片，在餅鐺內用豬油煎焦，取出盛盤，淋鹽水蒜汁，趁熱食用。當年真正的灌腸不是用糰粉做的，而是用豬肥腸洗淨，以優質麵粉、紅麴水、丁香、荳蔻等十多種原料調料配製成糊，灌入腸內，煮熟後切小片塊，用豬油煎焦，澆上鹽水蒜汁，口味香脆鹹辣。

滿族小吃「薩其瑪」。據《清文鑑》解釋，「薩其瑪」為滿語「狗奶子糖蘸」之意，其製法是用雞蛋、油脂和麵，細切後油炸，再用飴糖、蜂蜜攪拌浸透，故曰

▶圖9-8　羊雜碎湯（馬靜攝影）

「糖蘸」。「狗奶子」並非狗奶，狗奶子本為東北一種野生漿果，以形似狗奶而得名，最初用它作「薩其瑪」果料。清人入關後，狗奶子逐漸被葡萄乾、青梅、瓜子仁取代了。清人敦禮臣的《燕京歲時記》中說：「薩其瑪乃滿洲餑餑，以冰糖奶油為之，形如糯米，用不灰木烘爐烤熟，遂成方塊，甜膩可食。」當年北新橋的「泰華齋」餑餑鋪的薩其瑪奶油味最重，它北鄰皇家寺廟雍和宮，那裡的喇嘛僧眾是泰華齋的第一主顧，作為佛前之供，用量很大。

「爆肚」。爆肚的誘人魅力可從梁實秋《爆雙脆》一文獲得深深領會：「肚兒是羊肚兒，口北的綿羊又肥又大，羊胃有好幾部分：散丹、葫蘆、肚板兒、肚領兒，以肚領兒為最厚實。館子裡賣的爆肚兒以肚領兒為限，而且是剝了皮的，所以稱之為肚仁兒。爆肚仁兒有三種做法：鹽爆、油爆、湯爆。「鹽爆」不勾芡粉，只加一些芫荽梗蔥花，清清爽爽。「油爆」要勾大量芡粉，黏黏糊糊。「湯爆」則是清湯氽煮，完全本味，蘸鹵蝦油吃。三種吃法各有妙處。記得從前在外國留學時，想吃的家鄉菜以爆肚兒為第一。後來回到北平，東車站一下車，時已過午，料想家中午飯已畢，乃把行李寄存車站，步行到煤市街致美齋獨自小酌，一口氣叫了三個爆肚兒，鹽爆油爆湯爆，吃得我牙根清酸。然後一個清油餅，一碗燴麵雞絲，酒足飯飽，大搖大擺還家。生平快意之餐，隔五十餘年猶不能忘。」

北京小吃之所以長盛不衰，顯現出強大的生命力，是因為它自身的特性，它具有原料的豐富性：幾乎使用了所有的主糧雜糧。品種的多樣性：品種達到數百種之多，並用到多種烹飪方法。多民族性：回漢滿蒙小吃均有上乘之品。鮮明的季節性：北京小吃四季分明，應時當令而出。獨特性及平民性：從豆汁中可見一斑。精品性：京城手藝人愛護自己的生意聲譽，有極強的精品意識，可謂個個是精品，這些特性成就了北京小吃的輝煌。